Diogenes Deluxe

Weisheit ist für André Comte-Sponville Savoir-vivre. Und Philosophie bringt uns der Weisheit näher, wie die vorliegenden Betrachtungen zu den großen Themen des Menschseins zeigen. Mit französischer Leichtigkeit schreibt der Autor über Liebe, Tod, Freiheit, Moral, Zeit und vieles mehr, zieht andere Philosophen zu Rate – und gibt so Anregungen zu einem bewussteren Leben.

»Es geht darum, besser zu denken, um besser zu leben.« André Comte-Sponville

ANDRÉ COMTE-SPONVILLE wurde 1952 in Paris geboren. Der ehemalige Professor für Philosophie an der Sorbonne widmet sich seit 1998 ausschließlich dem Schreiben. Mit dem internationalen Bestseller *Ermutigung zum unzeitgemäßen Leben* begründete er eine neue Welle, die *Philosophie für alle*, die den Philosophiemarkt aufblühen ließ. Weitere große Erfolge waren *Woran glaubt ein Atheist?* und *Glück ist das Ziel, Philosophie der Weg*. André Comte-Sponville lebt in Paris.

André Comte-Sponville

Glück ist das Ziel, Philosophie der Weg

ROMAN

Aus dem Französischen von
Hainer Kobery

Mit Zeichnungen von
Jean-Jacques Sempé

Diogenes

Die Originalausgabe erschien 2000
bei Éditions Albin Michel, Paris, unter dem Titel
›Présentations de la philosophie‹

Covermotiv: Illustration von Jean-Jacques Sempé
(Ausschnitt)

Veröffentlicht als Diogenes Deluxe, 2022

Diogenes Verlag AG Zürich
www.diogenes.ch
40/22/4/1
ISBN 978 3 257 26166 0

Für Christian Recchia

Beeilen wir uns, die Philosophie
unter die Leute zu bringen!
Denis Diderot

Inhalt

Besser denken, um besser zu leben

Vorwort

Philosophie … Weisheitslehre …
und Ausübung der Weisheit
Immanuel Kant[1]

Philosophieren heißt, selbst zu denken; doch dabei erzielen wir nur vernünftige Ergebnisse, wenn wir uns zunächst auf die Gedanken anderer stützen, vor allem der großen Philosophen der Vergangenheit. Die Philosophie ist nicht nur ein Abenteuer, sondern auch eine Arbeit, die nicht ohne Mühe, ohne Lektüre, ohne Werkzeuge vonstattengeht. Die ersten Schritte sind häufig mühsam und haben schon manchen abgeschreckt.

1 »Erstes Convolut«, *Opus postumum,* in: *Kant's gesammelte Schriften,* (»Akademie-Ausgabe«), Bd. 21, Berlin 1900, S. 119.

Das veranlasste mich in den letzten Jahren, die *Carnets de philosophie* zu veröffentlichen, eine Sammlung zur Einführung in die Philosophie: zwölf Bändchen, jedes etwa vierzig ausgewählte Texte umfassend, häufig sehr kurz und durch eine Erläuterung von wenigen Seiten eingeleitet, auf denen ich zu diesem oder jenem Begriff darzulegen versuchte, was mir wesentlich erscheint.

Das vorliegende Buch enthält diese zwölf Einleitungen, durchgesehen und erheblich erweitert. Das ändert nichts an der bescheidenen Zielsetzung: Es handelt sich nach wie vor um eine Einführung in die Philosophie, gewissermaßen eine Eingangstür unter hundert anderen, die möglich wären. Aber sie überlässt es dem Leser, sobald er dieses Buch gelesen hat, sich selbst auf die Suche nach anderen Werken zu begeben, wie er das früher oder später tun muss, und sich, wenn er möchte, seine eigene Anthologie zusammenzustellen … Fünfundzwanzig Jahrhunderte Philosophie stellen einen unerschöpflichen Schatz dar. Wenn dieses Büchlein dem einen oder anderen Lust machen kann, sich mit den Dingen etwas näher zu beschäftigen, wenn es ihm helfen kann, darin Freude und Erkenntnis zu finden, ist es nicht umsonst geschrieben worden.

Als Adressaten hatte ich zunächst jugendliche Leser im Sinn, bis ich, vor allem durch die Zuschriften, die ich erhielt, entdeckte, dass das Buch weit über diese Altersgruppe hinaus wirkte. Von dieser ursprünglichen Auffassung ist allerdings noch etwas geblieben: die Wahl einiger Beispiele, ein bestimmter Standpunkt, ein gewisser Ton, der Nachdruck, der gelegentlich auf diesen oder jenen Aspekt gelegt wird ... Daher auch das Du, das sich mir aufgedrängt hat – sicherlich, weil ich mehr an meine eigenen Kinder dachte, die halbwüchsig sind, als an meine Schüler oder Studenten, die ich nie geduzt habe ... Lauter Besonderheiten, die zu ändern ich nicht für nötig hielt. Es gibt kein Alter, das sich besonders zum Philosophieren eignete; doch Jugendliche sind mehr als Erwachsene darauf angewiesen, dass man sie dabei unterstützt.

Was ist Philosophie? Dazu habe ich mich schon häufig geäußert und werde es auch im letzten dieser zwölf Kapitel tun. Philosophie ist nicht Wissenschaft, noch nicht einmal Erkenntnis oder Wissen: Sie ist eine Reflexion über das verfügbare Wissen. Daher können wir – frei nach Kant – die Philosophie nicht lernen, sondern nur lernen zu philosophieren. Wie? Indem wir selbst philosophieren: nach unserem eigenen Denken fragen, nach dem Denken der anderen, nach der Welt, der Gesellschaft, nach dem, was die Erfahrung uns lehrt, was sie uns zu ignorieren gestattet … Wenn wir dabei auf die Werke des einen oder anderen Berufsphilosophen stoßen – umso besser. Dann werden wir besser, stärker, tiefer denken. Weiter und schneller vorankommen. Freilich solle solch ein Autor, fügt Kant hinzu, »nicht wie das Urbild des Urtheils, sondern nur als eine Veranlassung selbst über ihn, ja sogar wider ihn zu urtheilen angesehen werden«.[2] Niemand kann an unserer Stelle philosophieren. Gewiss, die Philosophie hat ihre Spezialisten, Profis, Lehrer. Doch sie ist in erster Linie kein Spezialgebiet, kein Gewerbe und auch kein universitäres Lehrfach: Sie gehört unmittelbar zur menschlichen Existenz. Da uns Leben und Vernunft gegeben sind, stellt sich unvermeidlich die Frage, wie sich diese beiden Gaben miteinander verbinden lassen. Natürlich können wir denken, ohne zu philosophieren (etwa in den Wissenschaften), leben, ohne zu philosophieren (beispielsweise in der Dummheit

2 Immanuel Kant, »Nachricht von der Einrichtung seiner Vorlesungen in dem Winterhalbenjahre von 1765–1766«, Akademie-Ausgabe, Bd. 2, S. 307.

oder der Leidenschaft). Doch auf keinen Fall können wir unser Leben denken und unser Denken leben, ohne zu philosophieren: denn genau das ist Philosophie.

Die Biologie wird keinem Biologen jemals sagen, wie er leben soll, noch ob er es soll, noch nicht einmal, ob er sich mit der Biologie beschäftigen soll. Die Humanwissenschaften werden niemals Auskunft darüber geben, was die Menschheit wert ist noch was sie selbst wert sind. Deshalb müssen wir philosophieren: weil wir nachdenken müssen über das, was wir wissen, über das, was wir erleben, über das, was wir wollen, und es gibt kein Wissen, welches das leisten oder es uns ersparen könnte. Die Kunst? Die Religion? Die Politik? Großartige Dinge, die aber auch geprüft werden müssen. Doch sobald wir sie prüfen oder uns selbst hinsichtlich ihrer ein wenig eingehender prüfen, verlassen wir sie, zumindest teilweise: Wir sind schon mit einem Fuß in der Philosophie. Dass auch sie geprüft werden muss, wird kein Philosoph bestreiten. Doch die Philosophie zu prüfen heißt nicht, sie zu verlassen, sondern sie zu betreten.

Auf welchem Weg? Ich folge hier dem einzigen, den ich wirklich kenne, dem der westlichen

Philosophie. Was nicht heißen soll, dass es keinen anderen gäbe. Philosophieren heißt, nach der Vernunft zu leben, und die Vernunft ist universell. Die Philosophie hat niemand gepachtet. Jeder weiß, dass es im Osten andere Vorstellungen und spirituelle Traditionen gibt. Doch man kann nicht über alles reden, und es wäre schon ziemlich vermessen von mir, so zu tun, als könnte ich östliches Denken darstellen, das ich größtenteils nur aus zweiter Hand kenne. Ich glaube nicht, dass die Philosophie nur bei den alten Griechen und im Westen möglich ist. Doch bin ich natürlich wie alle Welt davon überzeugt, dass es im Westen seit den Griechen eine unermesslich reiche philosophische Tradition gibt – zu ihr, in sie, möchte ich meinen Leser führen. Angesichts der gebotenen Kürze ist das Vorhaben dieser Darstellungen enorm ehrgeizig. Das mag die ihnen definitionsgemäß innewohnende Unvollständigkeit entschuldigen.

Nach der Vernunft leben, sagte ich. Das zeigt die Richtung an, die der Philosophie, gibt ihren Inhalt aber nicht erschöpfend wieder. Philosophie ist radikales Fragen, Suche nach der umfassenden oder endgültigen Wahrheit (und nicht, wie in der Wissenschaft nach dieser oder jener besonderen Wahrheit), Entwicklung und Verwendung von Begriffen (was allerdings auch in anderen Disziplinen geschieht), Reflexivität (Rückbezüglichkeit des Verstands und der Vernunft auf das Ich): Nachdenken über das Denken), Besinnung auf die eigene Geschichte und die der Menschheit, Bemühen um größtmögliche Schlüssigkeit, größtmögliche Rationalität (das ist die Kunst zu denken, wenn man so will, die aber in die Kunst zu leben einmündet), gelegentlich Errichtung von Systemen, immer Entwicklung von Thesen, Argumenten, Theorien ... aber sie ist auch, und vielleicht vor allem, Kritik an den Illusionen, Vorurteilen, Ideologien. Jede Philosophie ist ein Kampf. Ihre Waffe? Die Vernunft. Ihre Feinde? Dummheit, Fanatismus, Obskurantismus – oder die Philosophie *der anderen.* Ihre Verbündeten? Die Wissenschaften. Ihr Gegenstand? Das Ganze, mit dem Menschen darin. Oder der Mensch, eingebettet in das Ganze. Ihr Ziel? Die Weisheit: das Glück, aber in der Wahrheit. Es gibt einiges zu tun. Als Philosophen packen wir es an!

Die Gegenstände der Philosophie sind praktisch nicht zu zählen: Nichts, was menschlich oder wahr ist, ist ihr fremd. Was nicht heißen soll, dass alles gleich wichtig wäre. Kant fasst in einem berühmten Abschnitt seiner *Logik* den Zuständigkeitsbereich der Philosophie in vier Fragen zusammen – »Was kann ich wissen? Was soll ich thun? Was darf ich hoffen? Was ist der Mensch?«[3] – und fügt hinzu, dass »sich die drei ersten Fragen auf die letzte beziehen«.[4] Doch sie alle münden, so möchte ich hinzufügen, in eine fünfte, die philosophisch und menschlich sicherlich die wichtigste ist: *Wie soll ich leben?* Sobald wir versuchen, eine intelligente Antwort auf diese Frage zu geben, philosophieren wir. Und da wir unmöglich vermeiden können, sie zu stellen, ist daraus zu schließen, dass wir der Philosophie nur durch die Dummheit oder den Obskurantismus entkommen können.

Müssen wir Philosophie betreiben? Sobald wir uns diese Frage stellen, zumindest sobald wir versuchen, ernsthaft auf sie zu antworten, betreiben wir sie bereits. Was nicht heißen soll, dass sich die Philosophie auf die Frage nach ihrem Sinn reduzieren lässt und noch viel weniger auf ihre Selbstrechtfertigung. Denn wir philosophieren auch – mehr oder weniger, recht und schlecht –, wenn

3 *Logik,* Akademie-Ausgabe, Bd. 9, S. 25

4 ebend.

wir (rational und radikal zugleich) nach der Welt, der Menschheit, dem Glück, der Gerechtigkeit, der Freiheit, dem Tod, Gott, der Erkenntnis fragen … Und wer könnte darauf verzichten? Der Mensch ist ein philosophisches Tier: Er kann nur auf die Philosophie verzichten, indem er auf einen Teil seines Menschseins verzichtet.

Folglich müssen wir philosophieren: so weit denken, wie wir können, und weiter, als wir wissen. Zu welchem Zweck? Dem eines Lebens, das menschlicher ist, klarer, gelassener, vernünftiger, glücklicher, freier … Das bezeichnen wir traditionell als Weisheit: ein Glück ohne Illusionen und Lügen. Kann man sie erlangen? Sicherlich nie ganz. Doch das hindert uns nicht daran, nach ihr zu streben, uns ihr zu nähern. »Philosophie ist für den Menschen Bestrebung zur Weisheit, die jederzeit unvollendet ist«,[5] schreibt Kant. Ein Grund mehr, um sich unverzüglich ans Werk zu machen. Es gilt, besser zu denken, um besser zu leben. Die Philosophie ist die Arbeit; die Weisheit die Erholung.

Was ist Philosophie? Es gibt fast so viele Ant-

5 Immanuel Kant, *Aus dem Nachlass Dez. 1800 – Febr. 1803*, Akademie-Ausgabe, Bd. 21, S. 7.

worten wie Philosophen. Das schließt jedoch nicht aus, dass sie sich in den wesentlichen Punkten decken oder gleichen. Ich persönlich habe seit meinen Studienjahren eine Schwäche für Epikurs Antwort: »Die Philosophie ist eine Tätigkeit, die uns durch Reden und Überlegungen ein glückliches Leben beschert.« Hier wird die Philosophie durch ihren größten Erfolg definiert (die Weisheit, die Glückseligkeit), und das ist – selbst wenn der Erfolg nie vollkommen sein wird – mehr wert, als sie in ihre Misserfolge einzusperren. Das Glück ist das Ziel; die Philosophie der Weg. Allen eine gute Reise!

Moral

Es ist besser, ein unzufriedener Mensch zu sein als ein zufriedenes Schwein; besser ein unzufriedener Sokrates als ein zufriedener Narr. Und wenn der Narr oder das Schwein anderer Ansicht sind, dann deshalb, weil sie nur die eine Seite der Angelegenheit kennen. Die andere Partei hingegen kennt beide Seiten.

John Stuart Mill[6]

Es herrschen falsche Vorstellungen von der Moral. Zunächst einmal ist sie nicht da, um zu strafen, zu unterdrücken, zu verurteilen. Dafür gibt es Gerichte, Polizisten und Gefängnisse, und niemand würde eine Moral darin erkennen. Sokrates ist im Gefängnis gestorben und war doch freier als seine Richter. Dort beginnt vielleicht die Philosophie. Dort beginnt die Moral, für jeden und

6 *Der Utilitarismus*, Stuttgart, Reclam, 1976, S. 18.

immer von neuem: dort, wo keine Strafe möglich, wo keine Unterdrückung wirksam, wo keine Verurteilung – zumindest keine äußerliche – notwendig ist. Die Moral beginnt dort, wo wir frei sind: Sie ist diese Freiheit selbst, wenn sie über sich urteilt und sich selbst befiehlt.

Du möchtest eine CD oder ein Kleidungsstück im Kaufhaus stehlen ... Doch ein Detektiv beobachtet dich, oder es gibt ein elektronisches Überwachungssystem, oder du hast ganz einfach Furcht, erwischt, bestraft, verurteilt zu werden ... Das ist keine Ehrlichkeit, sondern Berechnung. Das ist keine Moral, sondern Vorsicht. Die Furcht vor dem Polizisten ist das Gegenteil der Tugend oder lediglich Tugend aus Vorsicht.

Und nun stell dir umgekehrt vor, du hättest diesen Ring, von dem Platon berichtet, den berühmten *Ring des Gyges,* der dich nach Belieben unsichtbar macht ... Das ist ein Zauberring, den ein Hirte zufällig findet. Er braucht den gefassten Stein nur nach innen, zur Handfläche hin, zu drehen, um unsichtbar zu werden, und nach außen zu drehen, um wieder sichtbar zu werden ... Gyges, der vorher als ehrlicher Mann galt, vermochte den Versuchungen, denen ihn dieser Ring aussetzte, nicht zu widerstehen: Mit Hilfe seiner

Zauberkräfte drang er in den Palast ein, verführte die Königin, ermordete den König, riss selbst die Macht an sich, übte sie ausschließlich zu seinem Vorteil aus … Der Schüler, der die Geschichte im *Staat* erzählt, zieht daraus den Schluss, dass sich der Gute und der Böse – oder der als solcher gilt – nur durch die Vorsicht, will heißen, die Heuchelei voneinander unterscheiden, mit anderen Worten, nur dadurch, wie viel Bedeutung sie dem Blick der anderen beimessen, wie geschickt sie es anstellen, sich zu verstellen …

Besäßen sie beide den Ring des Gyges, unterschiede sie nichts mehr: Sie strebten beide nach dem gleichen Ziel. Damit würde behauptet, dass die Moral nur eine Illusion ist, nur eine Lüge, nur eine als Tugend verkleidete Furcht. Man brauchte sich nur unsichtbar machen zu können, und schon verschwände jedes Verbot, und für jeden gäbe es nur noch das Streben nach seinem Vergnügen oder seinen egoistischen Interessen.

Ist das wahr? Platon ist natürlich vom Gegenteil überzeugt. Aber um diese Frage beantworten zu können, braucht man nicht Platon zu sein. Denn die einzige gültige Antwort findest du, soweit es dich betrifft, in dir selbst. Führen wir ein Gedankenexperiment durch. Stell dir vor, du hättest diesen Ring. Was tätest du? Was tätest du nicht? Würdest du beispielsweise weiterhin das Eigentum anderer, ihre Intimsphäre, ihre Geheimnisse, ihre Freiheit, ihre Würde, ihr Leben respektieren? Niemand kann das an deiner Stelle beantworten: Diese Frage betrifft dich ganz allein, dich ganz und gar. All das, was du nicht tust, dir aber gestatten würdest, wenn du unsichtbar wärest, gehört weniger in den Geltungsbereich der Moral als in den der Vorsicht oder Heuchelei. Was du dir hingegen, auch wenn du unsichtbar wärest, weiterhin auferlegtest oder verbötest, und zwar nicht aus Eigennutz, sondern aus Pflichtgefühl, das allein wäre Moral im eigentlichen Sinne. Deine Seele hat ihren Prüfstein. Deine Moral hat ihren Prüfstein, der dir ermöglicht, über dich selbst zu urteilen. Deine Moral? Das, was du von dir verlangst, unabhängig vom Blick der anderen oder dieser oder jener äußeren Drohung – sondern im Namen einer bestimmten Vorstellung von Gut und Böse, von Verpflichtung und Verbot, von Zulässigem und Unzulässigem, kurzum, von der Menschheit und dir. Konkret: Die Gesamtheit der Regeln, denen du dich unterwürfest, *selbst wenn du unsichtbar und unbesiegbar wärest.*

Ist das viel? Ist das wenig? Das musst du selbst

entscheiden. Wärest du beispielsweise bereit, wenn du dich unsichtbar machen könntest, einen Unschuldigen verurteilen zu lassen, einen Freund zu verraten, ein Kind zu peinigen, zu vergewaltigen, zu foltern, zu morden? Die Antwort hängt nur von dir ab; du hängst moralisch nur von deiner Antwort ab. Du besitzt den Ring nicht? Das entbindet dich nicht von der Verpflichtung, nachzudenken, zu urteilen, zu handeln. Wenn sich ein Schuft nicht nur dem Anschein nach von einem ehrlichen Menschen unterscheidet, dann liegt es daran, dass weder der Blick der anderen noch deine Vorsicht eine Rolle spielt. Die Herausforderung der Moral besteht darin, dass sie sich zwar auf den anderen bezieht, aber nur du allein sie mit dir ausmachst. Moral ist eine äußerst einsame Angelegenheit. Moralisch zu handeln heißt zwar, die Bedürfnisse des anderen zu berücksichtigen, aber »ohne Wissen der Götter und der Menschen«, wie Platon sagt, mit anderen Worten, du wirst von niemandem für dein Verhalten belohnt und bestraft. Ist das eine Herausforderung? Ich drücke mich falsch aus, denn die Antwort hängt wiederum nur von dir ab. Es ist keine Herausforderung, sondern eine Entscheidung. Du allein weißt, was du tun musst, und niemand kann dir die Entscheidung abnehmen. Einsamkeit und Größe der Moral: Dein Wert bestimmt sich nur durch das Gute, das du tust, durch das Böse, das du dir verbietest, und zwar ohne einen anderen Nutzen als die Befriedigung – obwohl niemand jemals etwas davon wissen wird –, gut zu handeln.

Das ist der Geist Spinozas, der sagt, es gehe darum, »gut zu handeln … und in Freude zu sein«.[7] Das ist der Geist, Punkt. Wie können wir Freude empfinden, wenn wir uns nicht wenigstens ein bisschen achten? Und wie können wir uns achten, ohne uns zu beherrschen, ohne uns zu zähmen, ohne uns zu überwinden? *À toi de jouer,* sagt man auf Französisch, du bist dran, aber es ist kein Spiel und schon gar kein Schauspiel. Es ist dein Leben: Du bist, hier und jetzt, das, was du tust. Moralisch betrachtet ist es völlig nutzlos, davon zu träumen, ein anderer zu sein. Wir können auf Reichtum hoffen, auf Gesundheit, Schönheit, Glück … Aber es ist absurd, auf Tugend zu hoffen. Ob du ein Schuft oder ein an-

7 Baruch de Spinoza, *Ethik in geometrischer Ordnung dargestellt, Werke in drei Bänden,* Bd. 1, Hamburg, Meiner, 2006, S. 235.

ständiger Mensch bist, entscheidest du, du ganz allein: Du bist genau so viel wert, wie du wert sein willst.

Was ist Moral? Das ist die Gesamtheit dessen, was ein Individuum sich auferlegt oder verbietet, und zwar nicht primär, um sein Glück oder sein Wohlbehagen zu steigern, was lediglich Egoismus wäre, sondern um die Bedürfnisse und Rechte *anderer* wahrzunehmen, um kein Schuft zu sein, sondern um sich zu einer bestimmten Vorstellung des Menschseins und seiner selbst zu bekennen. Die Moral antwortet auf die Frage »Was soll ich tun?« und besteht in der Gesamtheit meiner Pflichten, anders gesagt, der Imperative, die ich als rechtmäßig anerkenne – selbst wenn ich sie, wie jeder andere, gelegentlich verletze. Sie ist das Gesetz, das ich mir selbst auferlege oder auferlegen sollte, unabhängig vom Blick der anderen und jeglicher erwarteten Sanktion oder Belohnung.

»Was soll ich tun?« und nicht *»Was sollen die anderen tun?«* Das unterscheidet die Moral vom Moralismus. »Die Moral«, sagt Alain, »ist nie für den Nachbarn da«: Wer sich um die Pflichten des Nachbarn kümmert, ist nicht moralisch, sondern ein Moralprediger. Was könnte unangenehmer

sein? Welcher Diskurs wäre überflüssiger? Die Moral ist nur in der ersten Person legitim. Jemandem zu sagen: »Du sollst großzügig sein«, beweist keine Großzügigkeit. Ihm zu sagen: »Du sollst mutig sein«, beweist keinen Mut. Die Moral taugt nur für uns selbst. Für die anderen genügen das Mitgefühl und das Recht.

Wer kann im Übrigen die Absichten, die Motive oder die Verdienste der anderen kennen? Niemand ist moralisch von anderen als Gott, wenn er denn existiert, zu beurteilen oder von sich selbst, und mehr braucht es nicht. Bist du egoistisch gewesen? Bist du feige gewesen? Hast du die Schwäche, die Not, die Naivität des anderen ausgenutzt? Hast du gelogen, gestohlen, vergewaltigt? Du weißt es genau, und dieses Wissen von dir über dich heißt Gewissen – der einzige Richter, der, jedenfalls moralisch, zählt. Ein Prozess? Eine Geldstrafe? Gefängnis? Das ist lediglich die Gerechtigkeit der Menschen: Das ist das Recht und die Polizei. Wie viele Schufte laufen frei herum? Wie viele rechtschaffene Menschen sitzen im Gefängnis? Du kannst mit der Gesellschaft im Reinen sein – und solltest es auch sein. Doch das entbindet dich nicht von der Notwendigkeit, mit dir selbst, mit deinem Gewissen im

Reinen zu sein. Und das ist in Wahrheit die einzige Regel.

Gibt es ebenso viele Moralvorstellungen wie Individuen? Mitnichten. Das ist das ganze Paradoxon der Moral: Sie gilt nur in der ersten Person, aber allgemein – anders gesagt, für jeden Menschen (da jeder Mensch ein »Ich« ist). Zumindest leben wir danach. Tatsächlich wissen wir sehr gut, dass es verschiedene Moralvorstellungen gibt, abhängig von der Erziehung, die wir genossen haben, der Gesellschaft oder der Epoche, in der wir leben, den Gesellschaftsschichten, in denen wir uns bewegen, der Kultur, in der wir uns erken-nen … Es gibt keine absolute Moral oder keinen, der absoluten Zugang zu ihr hätte. Aber wenn ich mir Grausamkeit, Rassismus oder Mord verbiete, weiß ich auch, dass das nicht einfach eine Frage der Neigung ist, die vom Geschmack jedes Einzelnen abhängt. Das ist vor allem eine Voraussetzung für das Überleben und die Würde der Gesellschaft, jeder Gesellschaft, mit anderen Worten, der Menschheit oder der Zivilisation.

Wenn alle lögen, würde keiner mehr jemandem glauben: Wir könnten noch nicht einmal mehr lügen (weil die Lüge das Vertrauen voraussetzt, das sie missbraucht), und jede Kommunikation würde absurd oder vergeblich.

Würden alle stehlen, wäre das Leben in der Gesellschaft unmöglich oder beklagenswert: Es gäbe kein Eigentum mehr, keinen Wohlstand und nichts zu stehlen.

Würden alle töten, liefe die Menschheit oder die Zivilisation in ihr Verderben: Es gäbe nur noch Gewalt und Angst, und wir wären alle die Opfer der Mörder, die wir selber wären.

Das sind zwar nur Hypothesen, aber sie führen uns direkt zum Wesen der Moral. Du möchtest wissen, ob diese oder jene Handlung gut oder verwerflich ist? Dann frage dich, was geschähe, wenn sich alle verhielten wie du. Ein Kind wirft beispielweise seinen Kaugummi auf den Bürgersteig. Seine Eltern sagen: »Stell dir vor, wenn das alle täten: Was für einen Schmutz gäbe das, wie unangenehm wäre es für dich und uns alle!« Oder schlimmer, stell dir vor, alle würden lügen, töten, stehlen, vergewaltigen, prügeln, foltern … Würdest du eine solche Menschheit wollen? Wie könntest du sie für deine Kinder wollen? Und mit welchem Recht kannst du dich von dem, was du willst, ausnehmen? Folglich musst du dir verbieten, was du bei anderen verurteilst, oder darauf verzichten, dein Verhalten in Einklang mit dem universell Gültigen zu bringen, das heißt, mit dem Geist oder der Vernunft. Das ist der entscheidende Punkt: Es geht darum, sich *persönlich* einem Gesetz zu unterwerfen, von dem wir überzeugt sind, dass es *für alle* gilt – oder es zumindest sollte.

Das ist die Bedeutung des berühmten Kategorischen Imperativs, wie ihn Kant in der *Grundlegung zur Metaphysik der Sitten* formuliert: »... handle nur nach derjenigen Maxime, durch die du zugleich wollen kannst, daß sie ein allgemeines Gesetz werde«.[8] Das heißt, sich beim Handeln nach der Menschheit zu richten, statt nach dem »lieben kleinen Ich«, und der Vernunft zu gehorchen, statt seinen Neigungen oder seinem Eigennutz. Eine Handlung ist nur gut, wenn das Prinzip, dem sie sich unterwirft (ihre »Maxime«) zu recht für alle gelten kann: Moralisch zu handeln heißt, so zu handeln, dass du uneingeschränkt wünschen kannst, jeder würde sich den gleichen Prinzipien wie du unterwerfen. Das entspricht dem Geist des Evangeliums oder dem

8 Immanuel Kant, *Grundlegung zur Metaphysik der Sitten,* Akademie-Ausgabe, Bd. 4, S. 421

Humanitätsgedanken (ähnliche Formulierungen finden sich in anderen Religionen oder auch bei Rousseau, wenn er die »erhabene Maxime« verkündet: »Handele anderen gegenüber so, wie du willst, daß man dir gegenüber handele.«[9] Das entspricht auch – bescheidener und klüger – dem Geist des Mitgefühls, den er in einer anderen Maxime ausdrückt, »die viel weniger vollkommen, aber vielleicht nützlicher als die vorangehende ist: ›Sorge für dein Wohl mit so wenig Schaden für andere wie möglich.‹«[10] Das bedeutet, dass wir uns in unserem Leben zumindest teilweise nach anderen richten, oder vielmehr nach uns als urteilenden und denkenden Wesen. »Ganz allen«, sagt Alain, »allgemein …« Das ist die Quintessenz der Moral.

Bedarf es, um diese Moral zu legitimieren, einer Begründung? Das ist weder notwendig noch ohne weiteres möglich. Ein Kind droht zu ertrinken. Brauchst du eine Begründung, um es zu retten? Ein Tyrann massakriert, unterdrückt, foltert … Brauchst du eine Begründung, um ihn zu

9 Jean-Jacques Rousseau, *Abhandlung über den Ursprung und die Grundlagen der Ungleichheit unter den Menschen*, Stuttgart, Reclam, 1998, S. 64.

10 ebend.

bekämpfen? Eine Begründung wäre eine unbestreitbare Wahrheit, die den Wert unserer Werte garantierte: Das würde uns ermöglichen, auch dem, der sie nicht teilt, zu beweisen, dass wir recht und er unrecht hat. Doch dazu müssten wir zunächst die Vernunft begründen, und das können wir nicht. Was wäre das für ein Beweis ohne ein als wahr geltendes zugrundeliegendes Prinzip? Was für eine Begründung ließe sich, wenn es um Werte geht, liefern, die nicht die Moral voraussetzte, die zu begründen sie vorgibt? Wie könnte man dem Menschen, der den Egoismus über die Großzügigkeit stellt, die Lüge über die Ehrlichkeit, die Gewalt oder Grausamkeit über die Sanftmut oder das Mitgefühl, beweisen, dass er unrecht hat, und was würde ihm das ausmachen? Was bedeutet dem, der nur an sich denkt, das Denken? Was bedeutet dem, der nur für sich lebt, das Allgemeine? Warum sollte derjenige, der ohne zu zögern die Freiheit des anderen, die Würde des anderen, das Leben des anderen antastet, den Satz des ausgeschlossenen Widerspruchs respektieren? Und warum müssen wir zunächst die Mittel zu seiner Widerlegung haben, um ihn zu bekämpfen? Das Grauen lässt sich nicht widerlegen. Das Böse lässt sich nicht widerlegen.

Gegen Gewalt, Grausamkeit, Barbarei brauchen wir weniger eine Begründung als Mut. Und uns selbst gegenüber weniger eine Begründung als Anspruch und Bekenntnis. Es geht darum, dessen nicht unwürdig zu sein, was die Menschheit aus sich und aus uns gemacht hat. Warum sollten wir dafür eine Begründung oder eine Garantie brauchen? Wie wäre das möglich? Der Wille genügt – und ist mehr wert.

»Die Moral«, schreibt Alain, »besteht in dem Wissen, dass wir Verstand und daher eine absolute Verpflichtung haben; denn Adel verpflichtet. Moral ist nichts anderes als das Gefühl der Würde.« Die Menschlichkeit in sich und anderen zu achten. Das geht nicht ohne Überwindung. Nicht ohne Anstrengungen. Nicht ohne Kämpfe. Du musst den Teil in dir überwinden, der nicht denkt oder der nur an dich denkt. Du musst deine Gewalttätigkeit, deinen Egoismus, deine Niedrigkeit überwinden. Das heißt, ein Mensch sein und sich dessen würdig zeigen wollen.

»Wenn es Gott nicht gibt«, sagt eine Figur bei Dostojewski, »ist alles erlaubt.« Nicht doch! Denn egal, ob du gläubig bist oder nicht, du erlaubst dir nicht alles: *alles*, einschließlich des Schlimmsten, wäre deiner nicht würdig!

Der Gläubige, der die Moral nur respektiert, weil er auf das Paradies hofft oder die Hölle fürchtet, ist nicht tugendhaft: Er ist lediglich egoistisch und vorsichtig. Wer das Gute nur des eigenen Heils wegen tue, meint Kant sinngemäß, handelt nicht gut und wird nicht gerettet. Das heißt, eine Handlung ist, moralisch betrachtet, nur gut, falls wir sie ausführen, ohne, wie abermals Kant sagt, »dafür etwas zu erhoffen«.[11] Damit betreten wir die Moderne, mit anderen Worten, die säkularisierte Welt (im besten Sinne des Begriffs: in dem Sinne, dass ein gläubiger Mensch ebenso von der Kirche absehen kann wie ein Atheist). Das ist der Geist der Aufklärung. Der Geist von Bayle, Voltaire, Kant. Nicht die Religion begründet die Moral, vielmehr begründet und rechtfertigt die Moral die Religion. Nicht weil es Gott gibt, muss ich Gutes tun, sondern weil ich Gutes tun muss, kann ich das Bedürfnis haben, an Gott zu glauben – nicht um tugendhaft zu sein, sondern um nicht zu verzweifeln. Nicht weil Gott mir etwas befiehlt, ist es gut, sondern weil ein Gebot moralisch gut ist, kann ich mir

11 Immanuel Kant, *Metaphysik der Sitten*, Akademie-Ausgabe, Bd. 6, S. 453.

vorstellen, dass es von Gott kommt. Desgleichen verbietet die Moral nicht zu glauben, sie führt sogar laut Kant zur Religion. Aber sie hängt nicht von ihr ab und lässt sich nicht auf sie zurückführen. Selbst wenn es Gott nicht gäbe, selbst wenn nach dem Tod nichts wäre, würde dich das nicht davon entbinden, deine Pflicht zu tun, das heißt, menschlich zu handeln.

»Nichts ist so schön und unserer Bestimmung gemäß wie ein rechter Mensch sein«,[12] schreibt Montaigne. Mensch zu sein (in dem Sinne, dass die Menschheit nicht nur eine Tierart ist, sondern eine Errungenschaft der Zivilisation) ist eine Tugend und eine Pflicht, die dir niemand abnehmen kann.

Das ist kein Ersatz für Glück, daher ist die Moral nicht alles. Das ist kein Ersatz für Liebe, daher ist die Moral nicht das Wichtigste. Doch kein Glück, keine Liebe entbindet uns von ihr, die Moral ist immer notwendig.

Sie ermöglicht dir, indem du frei du selbst bist (statt ein Gefangener deiner Instinkte und Ängste zu bleiben!), frei mit den anderen zu leben.

12 Michel de Montaigne, »Über die Erfahrung«, *Essais, Drittes Buch*, München, btb, 2000, S. 515.

Die Moral ist ein allgemeiner – oder zumindest verallgemeinerbarer – Anspruch, der dir persönlich aufgetragen ist.

Indem wir »rechte Männer und Frauen« sind, helfen wir unserer Bestimmung gemäß der Menschheit, zu ihrer Bestimmung zu finden. Und das ist notwendig: Sie braucht dich, wie du sie brauchst!

Politik

Wir müssen an die Politik denken; wenn wir es nicht ausreichend tun, werden wir grausam bestraft werden.

Alain

Der Mensch ist ein geselliges Tier: Er kann nur unter seinesgleichen leben und sich entfalten.

Doch er ist zugleich ein egoistisches Tier. Seine »ungesellige Geselligkeit«,[13] wie Kant sagt, bewirkt, dass er nicht ohne andere leben, aber auch nicht um ihretwillen auf die Befriedigung seiner eigenen Wünsche verzichten kann.

Deshalb brauchen wir die Politik. Damit Interessenkonflikte nicht durch Gewalt entschieden werden müssen. Damit wir unsere Kräfte miteinander und nicht gegeneinander einsetzen. Um

13 Immanuel Kant, »Idee zu einer allgemeinen Geschichte in weltbürgerlicher Absicht«, *Kleine Schriften,* Akademie-Ausgabe, Bd. 8, S. 20.

uns den Krieg, die Furcht und die Barbarei zu ersparen.

Deshalb brauchen wir einen Staat. Nicht weil die Menschen gut oder gerecht sind, sondern weil sie es nicht sind. Nicht weil sie solidarisch sind, sondern damit sie die Möglichkeit bekommen, es vielleicht zu werden. Denn sie sind es nicht »von Natur aus«, wie Aristoteles meint, sondern durch die Kultur, die Geschichte, und das heißt: durch die Politik selbst – durch Geschichte im Zuge des Werdens, der Auflösung, erneuten Konsolidierung, ihrer Fortsetzung, durch Geschichte im Präsens – und das ist die unsere, die einzige. Also, wie kann man sich nicht für Politik interessieren? Dann dürfte man sich für wenig interessieren, denn so vieles hängt von ihr ab.

Was ist Politik? Das nicht-kriegerische Management von Konflikten, Bündnissen und Kräfteverhältnissen – nicht nur zwischen Individuen (wie wir es aus der Familie oder anderen Gruppen kennen), sondern zwischen Individuen innerhalb einer ganzen Gesellschaft. Es ist also die Kunst, in einem Gemeinwesen – einem Staat oder Stadtstaat (griechisch *polis*) – mit Menschen zusammenzuleben, die wir uns nicht ausgesucht haben, für die wir keine besonderen Gefühle hegen und die in mancherlei Hinsicht in gleichem oder sogar stärkerem Maße Rivalen als Verbündete sind. Das erfordert eine gemeinsame Macht und einen Kampf um die Macht. Das setzt eine Regierung und Regierungswechsel voraus. Das erfordert die Regelung von Konflikten und vorläufige Kompromisse, und schließlich die Verständigung darüber, wie die Meinungsverschiedenheiten zu beseitigen sind. Sonst bliebe nur die Gewalt, und die muss die Politik verhindern, damit es sie überhaupt geben kann. Sie beginnt dort, wo der Krieg aufhört.

Es geht darum zu wissen, wer befiehlt und wer gehorcht, wer *das Gesetz macht* – und das ist der Souverän. Der kann ein König oder Despot sein (in einer absoluten Monarchie), der kann das Volk sein (in einer Demokratie), der kann diese oder jene Gruppe von Individuen sein (eine soziale Klasse, eine Partei, eine echte oder angebliche Elite: eine Aristokratie) … Der kann eine besondere Mischung dieser drei Staats- oder Regierungsformen sein, was häufig der Fall ist. Jedenfalls gäbe es keine Politik ohne diese Macht des Souveräns, die alle anderen umfasst und schützt. Denn »Macht ist überall«, wie Foucault sagt, oder vielmehr: Es gibt zahllose Mächte, die aber nur unter der anerkannten oder aufgezwungenen Autorität der mächtigsten unter ihnen koexistieren können. Mehrzahl der Mächte, Einzahl des Souveräns oder des Staates: Dort findet die ganze Politik statt, und deshalb brauchen wir sie. Sollen wir uns also dem ersten besten Rabauken unterwerfen? Irgendeinem dahergelaufenen Führer? Gewiss nicht! Wir wissen sehr gut, dass wir eine Macht brauchen oder mehrere und dass wir gehorchen müssen. Aber nicht irgendwem, nicht um jeden Preis. Wir wollen aus freien Stücken gehorchen: Wir wollen, dass die Macht, der wir uns unterwerfen, die unsere verstärkt oder garantiert, statt sie uns zu nehmen. Man bekommt sie nie ganz. Man verzichtet nie ganz auf sie. Deshalb machen wir Politik. Ohne Unterlass. Um frei zu sein. Um glücklicher zu sein. Um stärker zu sein. Nicht einzeln oder gegeneinander, sondern »alle gemeinsam«, wie die Demonstranten gerne sagen, oder vielmehr füreinander und zugleich gegeneinander: Das ist notwendig, sonst brauchten wir die Politik nicht.

Die Politik setzt Meinungsverschiedenheit, Konflikt, Widerspruch voraus. Wenn sich alle einig sind (zum Beispiel bei der Feststellung, dass Gesundheit besser ist als Krankheit oder das

Glück dem Unglück vorzuziehen ist …), ist das keine Politik. Doch wenn alle zu Hause bleiben und sich nur um ihre eigenen Angelegenheiten kümmern, ist das auch keine Politik. Die Politik bringt uns zusammen, indem sie uns zu Gegenspielern macht: Sie macht uns zu Gegenspielern in der Frage, wie wir am besten zusammenkommen! Das wird niemals aufhören. Wer das Ende der Politik verkündet, irrt sich: Es wäre das Ende der Menschheit, das Ende der Freiheit, der Geschichte, die nur im akzeptierten und überwundenen Konflikt fortbestehen können – und müssen. Die Politik ist, wie das Meer, in einem ewigen Kreislauf. Denn sie ist ein Kampf und der einzig mögliche Frieden. Sie ist das Gegenteil vom Krieg, das sei noch einmal gesagt, und das verrät genug über ihre Bedeutung. Sie ist das Gegenteil vom Naturzustand, und das verrät genug über ihre Notwendigkeit. Wer möchte ganz allein leben? Wer möchte gegen alle anderen leben? Der Naturzustand ist, so zeigt Hobbes, »der Krieg eines jeden gegen jeden«: Daher ist das Leben des Menschen »einsam, armselig, widerwärtig, tierisch und kurz«. Besser ist eine gemeinsame Macht, besser ist ein gemeinsames Recht, besser ist ein Staat: Besser ist Politik!

Wie sollen wir zusammenleben – und um was zu tun? Das sind die beiden Probleme, die es zu lösen und sofort wieder neu zu stellen gilt (da wir das Recht haben, die Meinung, das Lager zu wechseln ...). Darüber sollte jeder nachdenken, jeder debattieren.

Was ist Politik? Das gemeinsame und konflikthafte Leben unter der Herrschaft des Staates, mit dem Willen, den Staat zu kontrollieren: Sie ist die Kunst, die Macht zu ergreifen, zu behalten und zu nutzen. Sie ist auch die Kunst, sie zu teilen.

Es wäre falsch, die Politik zu verachten oder in ihr eine untergeordnete Betätigung zu sehen. Ganz im Gegenteil: Sich mit dem gemeinsamen Leben, dem gemeinsamen Schicksal, den gemeinsamen Konflikten zu beschäftigen ist für alle Menschen eine wesentliche Aufgabe. Niemand kann sich ihr entziehen. Willst du das Feld den Rassisten, Faschisten, Demagogen überlassen? Willst du Bürokraten für dich entscheiden lassen? Willst du es Technokraten oder Karrieristen überlassen, uns eine Gesellschaft nach ihren Vorstellungen aufzuzwingen? Mit welchem Recht kannst du dich dann über das beklagen, was falsch ist? Wie willst du vermeiden, der Komplize von Mittelmäßigkeit oder Schlimmerem zu sein, wenn du nichts tust, um sie zu verhindern? Untätigkeit ist keine Entschuldigung. Unfähigkeit ist keine Entschuldigung. Wenn du dich der Politik verweigerst, verzichtest du auf einen Teil deiner Macht, was immer gefährlich ist, aber auch auf einen Teil deiner Verantwortung, was immer tadelnswert ist. Politikverweigerung ist ein Irrtum und ein Fehler zugleich: Damit handeln wir gegen unsere Interessen und gegen unsere Pflichten.

Aber es wäre auch falsch, wollten wir die Politik auf die Moral zurückführen, als hätte die Politik nur mit dem Guten, der Tugend und der Uneigennützigkeit zu tun. Denn das stimmt ganz einfach nicht. Würde die Moral herrschen, wären Polizei, Gesetze, Gerichte und Armee überflüssig: Wir brauchten keinen Staat und folglich auch keine Politik! Wer auf die Moral zählt, um Elend oder Ausgrenzung zu beseitigen, macht sich offenkundig Illusionen. Wer glaubt, Außenpolitik durch humanitäre Aktionen ersetzen zu können, Sozialpolitik durch Wohltätigkeit oder gar Einwanderungspolitik durch Antirassismus, macht sich offenkundig Illusionen. Zwar sind humanitäre Aktionen, Wohltätigkeit oder Antirassismus moralisch notwendig, reichen allein aber nicht hin (täten sie es, brauchten wir keine Politik), noch lösen sie irgendwelche sozialen Probleme.

Die Moral hat keine Grenzen, die Politik schon. Die Moral hat kein Vaterland, die Politik schon. Die Moral hat nichts mit den Interessen Frankreichs oder der Franzosen zu tun, Europas oder der Europäer ... Die Moral kennt nur Individuen: Die Moral kennt nur die Menschlichkeit. Wohingegen alle französische oder europäische Politik, rechte wie linke, dazu da ist, vor allem ein Volk oder eine Gruppe von Völkern zu vertreten – sicherlich nicht gegen die Menschheit, was unmoralisch und selbstmörderisch wäre, jedenfalls aber vorrangig, was die Moral weder verlangen noch unbedingt verbieten kann.

Es wäre schön, wenn die Moral genügte, die Menschlichkeit genügte: Es wäre schön, wenn wir die Politik nicht brauchten. Doch damit würden wir uns in der Geschichte täuschen und uns in die Tasche lügen.

Politik ist nicht das Gegenteil von Egoismus (was für die Moral gilt), sondern dessen kollektiver und konflikthaltiger Ausdruck: Es geht darum – denn das ist unser Los –, gemeinsam egoistisch zu sein, und zwar so wirksam wie möglich.

Wie? Indem wir Interessenkonvergenzen organisieren, das nennt man Solidarität (im Gegensatz zur Großzügigkeit, die die Uneigennützigkeit voraussetzt).

Dieser Unterschied wird häufig verkannt – ein Grund mehr, um auf ihm zu beharren. Solidarisch zu sein heißt, die Interessen des anderen zu vertreten, gewiss, aber nur weil sie – direkt oder indirekt – auch die meinen sind. Indem ich für ihn handle, handle ich auch für mich: Weil wir die gleichen Feinde oder die gleichen Interessen haben, weil wir den gleichen Gefahren oder den gleichen Angriffen ausgesetzt sind. Gleiches gilt für die Gewerkschaftsbewegung, das Versicherungswesen oder das Steuersystem. Wer würde sich für großzügig halten, weil er sich gut versichert, in der Gewerkschaft ist oder seine Steuern zahlt? Großzügigkeit ist etwas anderes: Da vertrete ich zwar auch die Interessen des anderen, aber keineswegs, weil sie auch die meinen sind; da vertrete ich sie, obwohl ich sie nicht teile – nicht weil ich etwas davon hätte, sondern damit der andere etwas davon hat. Wenn ich für ihn handle, tue ich es nicht für mich: gut möglich, dass ich dabei etwas verliere – das ist sogar meist der Fall. Wie behalte ich, was ich gebe? Wie gebe ich, was ich behalte? Das wäre kein Geschenk mehr, sondern ein Tausch: Das wäre nicht mehr Großzügigkeit, sondern Solidarität.

Solidarität heißt, sich mit anderen zusammen zu verteidigen, Großzügigkeit im Extremfall, sich für andere zu opfern. Deshalb ist die Großzügigkeit moralisch überlegen, und deshalb ist die Solidarität gesellschaftlich und politisch dringlicher, realistischer, wirksamer. Niemand führt die Sozialversicherungsbeiträge aus Großzügigkeit ab. Niemand zahlt seine Steuern aus Großzügigkeit. Und was wäre das für ein Gewerkschaftler, der nur aus Großzügigkeit gewerkschaftlich organisiert wäre! Und doch haben Sozialversicherung, Steuersystem und Gewerkschaftsbewegung mehr – viel mehr – für die Gerechtigkeit geleistet als das bisschen Großzügigkeit, die der eine oder andere gelegentlich bewiesen hat. Das gilt auch für die Politik. Keiner befolgt das Gesetz aus Großzügigkeit. Niemand ist Staatsbürger aus Großzügigkeit. Aber Recht und Staat haben viel mehr für Gerechtigkeit und Freiheit geleistet als alle guten Gefühle.

Deshalb sind Solidarität und Großzügigkeit aber keineswegs unvereinbar: Großzügigkeit hindert uns nicht daran, solidarisch zu sein; Solidarität hindert uns nicht daran, großzügig zu sein. Trotzdem sind die beiden Haltungen nicht äquivalent: Keine von beiden reicht aus, um die andere zu ersetzen. Vielleicht würde die Großzügigkeit ausreichen, wenn wir großzügig genug wären. Aber wir sind es so wenig, so selten, in so geringem Maße ... Wir brauchen die Solidarität nur, weil es uns an Großzügigkeit fehlt.

Großzügigkeit ist moralische Tugend, Solidarität politische Tugend. Die große Aufgabe des Staats ist die Regulierung und Sozialisation der Egoismen. Deswegen ist er notwendig. Deswegen ist er unersetzlich. Politik ist nicht das Reich der Moral, der Pflicht, der Liebe, sondern das Reich der Kräfte- und Meinungsverhältnisse, der Interessen und Interessenkonflikte. Nehmt Machiavelli oder Marx, Hobbes oder Spinoza. Politik ist keine Erscheinungsform des Altruismus: Politik ist ein intelligenter und sozialisierter Egoismus. Das macht sie nicht nur nicht verdammenswert, sondern rechtfertigt sie: Wenn wir denn alle Egoisten sind, können wir es auch gemeinsam und auf intelligente Art sein! Wer würde denn nicht einsehen, dass das geduldige und organisierte Bemühen um das gemeinsame Interesse oder um das, was wir dafür halten, für fast alle besser ist als der Krieg aller gegen alle und die Anarchie? Wer würde denn nicht einsehen, dass die Gerechtigkeit für fast alle besser ist als die Ungerechtigkeit? Dabei ist offenkundig, dass dieses Bestreben auch moralisch gerechtfertigt ist, was beweist, dass Moral und Politik in ihren Absichten keinen Gegensatz darstellen. Genauso offenkundig ist jedoch, dass die Moral nicht ausreicht, um das Ziel zu erreichen, woraus folgt, dass wir Moral und Politik nicht verwechseln dürfen.

Die Moral ist prinzipiell uneigennützig, was die Politik niemals ist.

Die Moral ist universell – oder will es zumindest sein; alle Politik ist partikularistisch.

Die Moral ist individuell (sie gilt nur in der ersten Person), alle Politik ist kollektiv.

Deswegen kann die Moral nicht die Politik ersetzen, so wenig wie die Politik die Moral: wir brauchen beide und den Unterschied zwischen beiden!

Von Ausnahmen abgesehen, stehen sich bei einer Wahl nicht die Guten und die Bösen gegenüber, sondern Lager, soziale Gruppen oder Ideologien, Parteien, Bündnisse, Interessen, Meinungen, Prioritäten, Alternativen, Programme …

Dass die Moral dabei ein Wörtchen mitzureden hat, sollten wir natürlich nicht vergessen (es gibt moralisch verwerfliche Stimmabgaben). Was jedoch nichts daran ändert, dass sie weder Projekte noch Strategien ersetzen kann. Was hat die Moral zum Thema Arbeitslosigkeit, Krieg und Barbarei vorzuschlagen? Gewiss, sie sagt, wir müssen sie bekämpfen, aber sie sagt keineswegs, wie wir das mit den größten Aussichten auf Erfolg tun können. Nun ist aber gerade das *Wie* politisch entscheidend. Du bist für die Gerechtigkeit und die Freiheit? Moralisch ist das selbstverständlich. Doch politisch sagt dir das weder, wie du beide verteidigen noch wie du sie miteinander vereinbaren kannst. Du wünschst dir, dass sowohl die Israelis wie die Palästinenser über eine sichere und anerkannte Heimat verfügen, dass alle Bewohner des Kosovo in Frieden leben können, dass die wirtschaftliche Globalisierung nicht zum Nachteil der Völker und der Menschen gereicht, dass alle Alten eine angemessene Rente bekommen, alle Jungen eine Ausbildung, die diesen Namen verdient? Die Moral kann dir nur beipflichten, aber nicht sagen, wie wir es anstellen sollen, diese Ziele zu erreichen. Und wer würde schon meinen, dass die Wirtschaft oder das freie Spiel der Marktkräfte das bewirken könnte? Der Markt taugt nur für Waren. Aber die Welt ist keine Ware. Auch die Gerechtigkeit nicht oder die Freiheit. Wie töricht wäre es, dem Markt zu überlassen, was nicht zu verkaufen ist! Und die Unternehmen? Sie streben in erster Linie nach Profit. Das werfe ich ihnen nicht vor: Es ist ihre Aufgabe, und diesen Profit brauchen wir alle. Doch wer würde glauben, dass der Profit ausreichte, um eine menschliche Gesellschaft zu schaffen? Die Wirtschaft schafft Werte, und die brauchen wir, von denen können wir nicht genug haben. Aber wir brauchen außerdem Gerechtigkeit, Freiheit, Sicherheit, Frieden, Brüderlichkeit, Entwürfe, Ideale ... Die liefert kein Markt. Deshalb ist die Politik notwendig – weil die Moral nicht genügt, weil die Wirtschaft nicht genügt und weil es infolgedessen moralisch verwerflich und wirtschaftlich fatal wäre, so zu tun, als könnte man sich damit zufriedengeben.

Warum Politik? Weil wir weder Heilige sind noch lediglich Konsumenten: Weil wir Staatsbürger sind, weil wir es sein müssen und damit wir es bleiben können.

Was nun die Menschen angeht, die die Politik zu ihrem Beruf machen, so schulden wir ihnen

Dank für ihre Bemühungen um das Gemeinwohl, ohne uns deshalb aber große Illusionen über ihren Sachverstand und ihre Tugend zu machen: Wachsamkeit gehört zu den Rechten und Pflichten eines jeden Bürgers.

Verwechseln wir aber nicht diese staatsbürgerliche Wachsamkeit mit dem Spott, der alles lächerlich macht, oder mit der Verachtung, die alles schlechtmacht. Wachsam zu sein heißt, nicht alles unbesehen zu glauben; heißt jedoch nicht, alles aus Prinzip zu verurteilen oder herabzusetzen. Wir werden die Politik nicht rehabilitieren, was heute dringend erforderlich ist, indem wir ständig auf denen herumhacken, die sie betreiben. In einem demokratischen Staat haben wir die Politiker, die wir verdienen. Ein Grund mehr, diese Regierungsform allen anderen vorzuziehen: Wir haben moralisch das Recht – und sicherlich Grund genug –, uns zu beklagen, aber nur unter der Bedingung, dass wir mit anderen zusammen handeln, um zu verändern, was uns nicht passt.

Es genügt nicht, auf Gerechtigkeit, Frieden, Freiheit, Wohlstand zu hoffen, wir müssen handeln, um diese Werte zu verteidigen und voranzubringen, was nur gelingen kann, wenn wir uns politisch zusammenschließen. Jeder Mensch, dem etwas an den Menschenrechten und am eigenen Wohl liegt, hat nicht nur das Recht, sich mit Politik zu beschäftigen, es ist auch seine Pflicht und in seinem Interesse – und sicherlich die einzige Möglichkeit, sie einigermaßen miteinander zu vereinbaren. Zwischen dem Gesetz des Dschungels und dem Gesetz der Liebe ist ganz einfach das Gesetz. Zwischen Blauäugigkeit und Barbarei ist die Politik. Engel können auf sie verzichten, Tiere können es, Menschen nicht. Deshalb hatte Aristoteles, zumindest in dieser Hinsicht, recht, als er den Menschen als »politisches Tier« bezeichnete: weil er seine Menschlichkeit ohne Politik nicht in vollem Umfang geltend machen kann.

»Ein rechter Mensch zu sein« (die Moral) genügt nicht. Wir müssen eine Gesellschaft schaffen, die menschlich ist (da es in vielerlei Hinsicht dic Gesellschaft ist, die den Menschen macht), und sie auch fortwährend, zumindest schrittweise, weiterentwickeln. Die Welt verändert sich unablässig, eine Gesellschaft, die sich nicht veränderte, wäre dem Untergang geweiht. Daher müssen wir handeln, kämpfen, widerstehen, erfinden, schützen, verwandeln … Dazu dient die Politik. Gibt es interessantere Aufgaben? Vielleicht. Aber auf der gesellschaftlichen Ebene sicherlich nichts Dringlicheres. Die Geschichte wartet nicht; also sei nicht so töricht, auf sie zu warten!!

Die Geschichte ist kein Schicksal, auch nicht einfach nur die Kraft, die uns macht: Sie ist das, was wir gemeinsam aus dem machen, was uns macht – und genau das ist Politik.

Liebe

Lieben heißt, sich zu freuen.
Aristoteles

Die Liebe ist das interessanteste Thema. Zunächst an sich, wegen des Glücks, das sie verspricht oder zu versprechen scheint – manchmal auch durch das, was sie bedroht oder raubt. Welches Thema könnte unter Freunden angenehmer, intimer, wichtiger sein? Welche Worte unter Liebenden heimlicher, süßer, betörender? Und was zwischen zwei Menschen leidenschaftlicher als die Leidenschaft?

Es ließe sich einwenden, dass es auch andere Leidenschaften gibt als die amouröse, andere Lieben als die leidenschaftliche. Das ist absolut wahr und bestätigt meine These: Die Liebe ist das interessanteste Thema, nicht nur an sich – durch das Glück, das es verspricht oder zerstört –, sondern auch indirekt: weil sie die Voraussetzung für jedes Interesse ist. Du interessierst dich vor allem für Sport? Weil du den Sport liebst. Fürs Kino? Weil du das Kino liebst. Fürs Geld? Weil du das Geld liebst oder das, was du damit kaufen kannst. Für die Politik? Weil du die Politik liebst oder die Macht, die Gerechtigkeit, die Freiheit … Für deine Arbeit? Weil du sie liebst oder zumindest das, was sie dir verschafft oder verschaffen wird. Für dein Glück? Weil du dich selbst liebst, wie es alle tun, und weil das Glück gewiss nichts anderes ist als die Liebe zu dem, was wir sind, was wir haben, was wir tun … Du interessierst dich für Philosophie? Sie trägt die Liebe in ihrem Namen (*philosophia* ist griechisch und heißt die Liebe zur Weisheit) und in ihrem Gegenstand (was für eine andere Weisheit gibt es, als zu lieben?). Sokrates, den alle Philosophen verehren, hat nie nach etwas anderem gestrebt. Du interessierst dich sogar für den Faschismus, den Stalinismus, den Tod, den Krieg? Weil du sie liebst oder weil du, was wahrscheinlicher ist, das liebst, was ihnen widersteht: die Demokratie, die Menschenrechte, den Frieden, die Brüderlichkeit, den Mut … So viele verschiedene Interessen, so viele verschiedene Lieben. Aber kein Interesse ohne Liebe, und das bringt mich zu meinem Ausgangspunkt zurück: Die Liebe ist das interessanteste Thema, und jeder bringt nur in dem Maße Interesse auf, wie er Liebe empfindet oder empfängt.

Folglich lieben wir die Liebe oder lieben gar nichts – entweder lieben wir die Liebe oder sterben; deshalb ist die Liebe und nicht der Selbstmord das einzige wirklich ernste Problem der Philosophie.

Albert Camus schreibt ganz am Anfang im *Mythos von Sisyphos:* »Es gibt nur ein wirklich ernstes philosophisches Problem: den Selbstmord. Die Entscheidung, ob das Leben sich lohne oder nicht, beantwortet die Grundfrage der Philosophie.« Gerne unterschreibe ich den zweiten der beiden Sätze; allerdings hindert mich das daran, dem ersten rückhaltlos zuzustimmen. Lohnt das Leben die Mühe, gelebt zu werden? Der Selbstmord beseitigt das Problem eher, als dass er es löst; nur die Liebe, die es nicht beseitigt (da sich die Frage jeden Morgen und jeden Abend aufs Neue stellt), löst es ansatzweise, solange wir am Leben sind und uns am Leben halten. Ob das Leben die Mühe – oder vielmehr die Mühe und das Vergnügen – lohnt, gelebt zu werden, hängt zunächst einmal davon ab, zu wie viel Liebe wir fähig sind. Spinoza erkennt es, wenn er schreibt,

»daß all unser Glück oder Unglück auf einem einzigen Sachverhalt beruht, nämlich auf der Beschaffenheit des Gegenstandes, dem wir uns in Liebe hingeben.«[14] Das Glück ist eine glückliche Liebe – oder mehrere; das Unglück ist eine unglückliche Liebe – oder überhaupt keine Liebe mehr. Die Depression oder Melancholie, sagt Freud, sei gekennzeichnet durch den »Verlust der Liebesfähigkeit« – einschließlich der Fähigkeit, sich selbst zu lieben. Kein Wunder, dass sie so häufig im Selbstmord mündet. Die Liebe lässt uns leben, weil sie das Leben liebenswert macht. Die Liebe rettet uns, daher müssen wir sie retten.

Aber welche Liebe? Und wozu?

Denn die Liebe ist offenkundig so vielfältig, wie ihre Gegenstände zahllos sind. Wir können das Geld oder die Macht lieben, habe ich gesagt, aber auch unsere Freunde oder den Mann bzw. die Frau, in den oder die wir verliebt sind, unsere Kinder, unsere Eltern, sogar einen beliebigen Menschen, der einfach da ist und den wir unseren Nächsten nennen.

Wir können auch Gott lieben, wenn wir an ihn

14 Baruch de Spinoza, *Abhandlung über die Verbesserung des Verstandes, Werke in drei Bänden*, Bd. 3, Hamburg, Meiner, 2006, S. 7.

glauben. Und an uns glauben, wenn wir uns wenigstens ein bisschen lieben.

Dass es nur ein einziges Wort für so viele verschiedene Lieben gibt, stiftet Verwirrung und – weil sich das Verlangen unvermeidlich einmischt – Illusionen. Wissen wir, wovon wir sprechen, wenn wir Liebe sagen? Nutzen wir nicht allzu oft die Mehrdeutigkeit des Begriffs, um zweifelhafte Lieben, will sagen, egoistische oder narzisstische Lieben zu verschleiern oder zu beschönigen, um uns etwas vorzumachen, um so zu tun, als liebten wir etwas anderes als uns selbst, um unsere Fehler und Irrtümer zu vertuschen, statt sie zu korrigieren? Die Liebe gefällt allen. Was nur zu verständlich ist, sollte uns wachsam machen. Die Liebe zur Wahrheit sollte die Liebe zur Liebe begleiten, erhellen, anleiten, auch auf die Gefahr hin, ihr etwas von der Begeisterung zu nehmen. Beispielsweise ist es selbstverständlich, dass wir uns selbst lieben: Wie sonst könnte man von uns verlangen, unseren Nächsten zu lieben wie uns selbst? Doch dass wir häufig nur uns allein lieben, ist eine Erfahrungstatsache und eine Gefahr. Warum würde man uns sonst auffordern, auch unseren Nächsten zu lieben?

Es müsste verschiedene Wörter für verschiedene Lieben geben. Es gibt in unserer Sprache genügend Wörter: Freundschaft, Zärtlichkeit, Leidenschaft, Zuneigung, Gewogenheit, Neigung, Sympathie, Wohlwollen, Schwäche, Anbetung, Mitgefühl, Begierde … Wir haben die Qual der Wahl, und das ist wirklich eine Qual. Die Griechen, möglicherweise klüger oder ganzheitlicher als wir, bedienten sich grundsätzlich dreier Wörter, um drei verschiedene Lieben zu bezeichnen. Es gibt drei griechische Namen für die Liebe, und meines Wissens sind es in allen Sprachen die aufschlussreichsten: *eros*, *philia* und *agape*. In meiner Schrift *Ermutigung zum unzeitgemäßen Leben* habe ich mich ausführlich dazu geäußert, daher kann ich es hier mit einigen kurzen Hinweisen bewenden lassen.

Was ist *eros*? Er ist der Mangel, und der wiederum ist die Liebesleidenschaft. Hören wir Platon: »… was er nicht hat und nicht selbst ist und wessen er bedürftig ist; solcherlei also sind die Dinge, wonach es eine Begierde gibt und eine Liebe.« Die Liebe eignet sich an, sie will besitzen und behalten. Ich liebe dich: ich will dich. Das ist am einfachsten. Gewaltsamsten. Wie könnten wir nicht lieben, was uns fehlt? Wie könnten wir lieben, was uns nicht fehlt? Das ist das Geheimnis der Leidenschaft (die nur im Mangel, im Unglück, in der Frustration von Dauer ist). Und das Geheimnis der Religion (Gott ist der absolute Mangel). Eine solche Liebe könnte ohne Glauben niemals glücklich machen. Wir müssen lieben, was wir nicht haben, und deshalb leiden wir. Oder wir haben, was wir nicht mehr lieben (da wir nur lieben, was uns fehlt), und deshalb langweilen wir uns ... Leiden an der Leidenschaft, Tristesse der Paare: Es gibt keine glückliche Liebe im Sinne von *eros*.

Aber wie sollen wir ohne Liebe glücklich sein? Und warum sollen wir es nie sein, solange wir lieben? Nun, Platon hat nicht in jedem Punkt und nicht immer recht. Der Mangel ist nicht alles in der Liebe, manchmal lieben wir auch, was uns nicht fehlt – lieben wir, was wir haben, was wir tun, was ist, –, genießen es fröhlich und freuen uns daran! Das nannten die Griechen *philia*. Das ist die Liebe nach Aristoteles (»Lieben heißt, sich zu freuen«) und das Geheimnis des Glücks. Dann lieben wir das, was uns nicht fehlt, was wir genießen, und das erfreut uns, oder vielmehr: Unsere Liebe ist diese Freude selbst. Lust am Geschlechtsakt und am Handeln (die Liebe, die wir machen), Glück der Paare und der Freunde (die

Liebe, die wir teilen): Es gibt keine unglückliche Liebe im Sinne von *philia*.

Freundschaft? Das ist die übliche Übersetzung von *philia,* womit man die Bedeutung des Begriffs etwas einengt. Denn diese Freundschaft ist weder ausschließlich Verlangen (das dann kein Mangel mehr, sondern Kraft ist) noch Leidenschaft (*eros* und *philia* können sich mischen und mischen sich häufig), noch Familie (Aristoteles bezeichnet mit Philia sowohl die Liebe zwischen Eltern und Kindern als auch die Liebe zwischen Eheleuten, ein wenig wie Montaigne, der später von der *ehelichen Freundschaft* sprechen wird), noch die so betörende und kostbare Intimität der Liebenden. Sie ist nicht mehr oder nicht mehr nur die begehrende Liebe des Thomas von Aquin (den anderen um des eigenen Wohls willen lieben), sondern die wohlwollende Liebe (den anderen um dessen Wohls willen lieben) – das Geheimnis glücklicher Paare. Wir vermuten zu Recht, dass dieses Wohlwollen die Begierde nicht ausschließt: unter Liebenden nährt sich jene vielmehr von dieser und klärt sie. Wie könnten wir uns nicht an der Lust erfreuen, die wir geben und empfangen? Wie kann ich nicht wollen, dass es dem gutgeht, der dafür sorgt, dass es mir gutgeht?

Dieses freudige Wohlwollen, diese wohlwollende Freude, die die Griechen *philia* nannten, ist aber auch die Liebe nach Spinoza: »Freude«, heißt es in der Ethik, »unter Begleitung der Idee einer äußeren Ursache«.[15] Lieben heißt, sich freuen über. Deshalb gibt es keine andere Freude, als zu lieben; deshalb kann die Liebe im Prinzip auch nicht anders als fröhlich sein. Der Mangel? Er ist nicht die Essenz der Liebe, sondern ihr Akzidens – wenn uns die Wirklichkeit fehlt, wenn uns die Trauer verletzt oder zerreißt. Doch sie verletzt uns nur, wenn wir das Glück – und sei es nur im Traum – zuvor erlebt haben. Das Verlangen ist nicht Mangel, die Liebe ist nicht Mangel: Das Verlangen ist eine Fähigkeit (die Fähigkeit zu genießen, der Genuss der Fähigkeit), die Liebe ist Freude. Alle Liebenden wissen das, wenn sie glücklich sind, und alle Freunde. Ich liebe dich: Ich freue mich, dass es dich gibt.

Agape? Auch ein griechisches Wort, aber ein spätes. Weder Platon noch Aristoteles, noch Epikur hat es jemals verwendet. *Eros* und *philia* ge-

15 Baruch de Spinoza, *Ethik in geometrischer Ordnung dargestellt, Werke in drei Bänden,* Bd. 1, Hamburg, Meiner, 2006, S. 141.

nügte ihnen: Sie kannten nur die Leidenschaft oder die Freundschaft, nur das Leiden am Mangel oder die Freude des Teilens. Doch dann begann ein Jude, lange nach dem Tod dieser drei, plötzlich in einer fernen römischen Provinz erstaunliche Dinge in einem semitischen Dialekt zu sagen:

Gott ist Liebe ... Liebe deinen Nächsten ... Liebe deine Feinde ... Diese Sätze, die sicherlich in allen Sprachen seltsam klangen, schienen sich auf Griechisch kaum wiedergeben zu lassen. Um welche Liebe mochte es sich handeln? *Eros? Philia?* Das wäre lächerlich gewesen. Wie könnte Gott Mangel haben, woran auch immer? Der Freund sein, von wem auch immer? Es habe etwas Lächerliches an sich, sagte schon Aristoteles, sich für den Freund Gottes zu halten. In der Tat ist nicht einzusehen, wie unser so armseliges und lächerliches Dasein in irgendeiner Weise zur göttlichen Freude beitragen könnte, die ewig und vollkommen ist. Und wer könnte uns vernünftigerweise auffordern, uns in unseren Nächsten zu verlieben (in alle und jeden!) oder – wie absurd! – der Freund unseres Feindes zu sein? Und doch musste man die Lehre ins Griechische übersetzen – wie man es heute ins Englische übersetzen müsste – um von der Welt verstanden zu werden. Die ersten Jünger Jesu, denn von ihm ist hier natürlich die Rede, mussten deshalb einen Neologismus erfinden oder bekannt machen. Dazu gingen sie von einem Verb (*agapein:* lieben) aus, zu dem es normalerweise kein Substantiv gab: Sie bildeten das Nomen *agape,* das die Römer mit *caritas* übersetzten, woraus unsere »Barmherzigkeit« oder »Nächstenliebe« wurde.

Worum handelt es sich? Um die Liebe zum Nächsten, wie der Name sagt, zumindest soweit wir zu ihr fähig sind: um die Liebe zu dem, der uns weder fehlt noch Gutes tut (in den wir weder verliebt noch in Freundschaft verbunden sind), der aber da ist, einfach da, und den wir ganz umsonst lieben müssen, wegen nichts oder vielmehr um seiner selbst willen, egal, was er ist, was er taugt, egal, was er macht, und wenn er unser Feind ist. Das ist die Liebe nach Jesus Christus, das ist die Liebe nach Simone Weil oder Vladimir Jankélévitch, und das Geheimnis der Heiligkeit, wenn es sie denn gibt. Diese liebenswerte und faszinierende Nächstenliebe ist nicht mit der Verteilung von Almosen und milden Gaben zu verwechseln. Es handelt sich eher um eine universelle Freundschaft, weil sie vom Ich befreit ist (was bei der einfachen Freundschaft nicht der Fall ist: »Weil er er war, weil ich ich war«, sagt Montaigne über seine Freundschaft zu Étienne de la Boétie[16]), vom Egoismus befreit ist, von allem befreit und deshalb befreiend ist. Das wäre die Liebe Gottes, wenn es ihn gibt (*ho Theos agape estin* heißt es im ersten Kapitel des Johannesevangeliums: »Gott ist Liebe«), oder das, was ihm in unseren Herzen und Träumen am nächsten kommt, wenn es Gott nicht gibt.

Eros, philia, agape: Die Liebe, die fehlt oder Besitz ergreift; die Liebe, die sich freut und teilt; die Liebe, die empfängt und gibt. Wir brauchen uns aber nicht zwischen den dreien zu entscheiden! Welche Freude ohne Mangel? Welches Geschenk ohne Teilen? Wenn wir denn, zumindest abstrakt, diese drei Lieben oder Arten der Liebe oder Stufen der Liebe unterscheiden müssen, dann vor allem, um den Prozess zu erklären, der von der einen zur anderen führt. Das sind nicht drei Gefühle, die sich gegenseitig ausschließen, sondern eher drei Pole eines Feldes, des Kraftfelds der Liebe, oder drei Momente eines Prozes-

16 Michel de Montaigne, »Über die Freundschaft«, *Essais, Erstes Buch*, München, btb, 2000, S. 293.

ses, dem des Lebens. Eros ist immer das Erste, woran uns Freud – nach Platon oder Schopenhauer – erinnert; *agape* ist das Ziel (nach dem wir wenigstens streben können), das uns die Evangelien fortwährend vor Augen halten; und *philia* schließlich ist der Weg oder die Freude als Weg, der den Mangel in Vermögen, Armut in Reichtum verwandelt.

Schaut euch das Kind an, das die Brust nimmt. Und schaut euch die Mutter an, die sie gibt. Sie ist natürlich auch mal ein Kind gewesen: Wir beginnen alle mit dem Nehmen, und das ist schon eine Art zu lieben. Dann lernen wir zu geben, zumindest ein wenig, zumindest hin und wieder, und das ist die einzige Art, der empfangenen Liebe bis zum Schluss treu zu bleiben, der menschlichen Liebe, die nie allzu menschlich ist, der so schwachen, so unruhigen, so begrenzten Liebe, die dennoch wie ein Bild der Unendlichkeit ist, der Liebe, deren Objekt wir waren und die uns zum Subjekt gemacht hat, der unverdienten Liebe, die uns vorausgeht wie eine Gnade, die uns gezeugt, aber nicht erschaffen hat, der Liebe, die uns gewiegt, gewaschen, genährt, beschützt, getröstet hat, der Liebe, die uns ein für allemal begleitet und die uns fehlt, die uns erfreut und erschüttert, die uns erleuchtet … Gäbe es die Mütter nicht, was wüssten wir von der Liebe? Gäbe es die Liebe nicht, was wüssten wir von Gott?

Eine *philosophische* Liebeserklärung lautete vielleicht so:

»Es gibt die Liebe nach Platon: ›Ich liebe dich, du fehlst mir, ich will dich.‹ Es gibt die Liebe nach Aristoteles oder Spinoza: ›Ich liebe dich: Du bist der Grund meiner Freude, und das erfreut mich.‹

Es gibt die Liebe nach Simone Weil oder Jankélévitch: ›Ich liebe dich wie mich, der ich nichts oder fast nichts bin, ich liebe dich, wie Gott uns liebt, wenn es ihn gibt, ich liebe dich wie jeden anderen: Ich stelle meine Kraft in den Dienst deiner Schwäche, meine geringe Kraft in den Dienst deiner unermesslichen Schwäche.‹

Eros, philia, agape: die Liebe, die Besitz ergreift, die nur genießen oder leiden, nur besitzen oder verlieren kann; die Liebe, die sich freut und teilt, die Gutes will dem, der es uns tut; schließlich die Liebe, die uns akzeptiert und schützt, die gibt und sich hingibt, ohne Gegenliebe zu erwarten.

Ich liebe dich auf alle diese Arten: Ich nehme dich gierig, freudig teile ich dein Leben, dein

Bett, deine Liebe mit dir, und behutsam gebe ich und gebe mich hin …

Danke, dass du du bist: Danke, dass du existierst und mir hilfst zu existieren!«

ANDRE-PAUL POULOT
1908 - 1981
ENDE DES
1sten TEILS

Tod

Dem anderen gegenüber ist es möglich, sich Sicherheit zu verschaffen, aber im Hinblick auf den Tod bewohnen wir Menschen alle eine Stadt ohne Mauern.
Epikur

Der Tod ist für das Denken ein notwendiger und unmöglicher Gegenstand.

Notwendig, weil unser Leben seinen Stempel trägt – wie den Schlagschatten des Nichts (würden wir nicht sterben, hätte jeder Augenblick sicherlich einen anderen Geschmack, ein anderes Licht), wie den Fluchtpunkt von allem für uns.

Jedoch unmöglich, weil es im Tod nichts zu denken gibt. Was ist er? Das wissen wir nicht. Das können wir nicht wissen. Dieses letzte Geheimnis macht unser ganzes Leben geheimnisvoll, wie ein Weg, von dem wir nicht wissen, wohin er führt, oder es nur zu gut wissen (zum Tod), doch ohne zu wissen, was sich dahinter verbirgt –

hinter dem Wort, hinter der Sache an sich – nicht einmal, ob es da überhaupt etwas gibt.

Dieses Geheimnis, an dem möglicherweise das Menschsein beginnt (wahrscheinlich hat sich noch nie ein Tier danach gefragt), wird natürlich nicht einfach hingenommen. Auf die Frage »Was ist der Tod?« haben die Philosophen unablässig Antworten vorgeschlagen. Erhebliche Teile der Metaphysik beschäftigen sich mit ihr. Und alle Antworten lassen sich, sehr vereinfacht, zwei Lagern zuordnen: Die einen sagen, der Tod sei nichts (genauer, ein Nichts); die anderen behaupten, er sei ein anderes Leben oder die Fortsetzung desselben, aber reiner, freier ... Das sind zwei Arten, den Tod zu leugnen: als Nichts, denn das Nichts ist nichts, oder als Leben, denn der Tod wäre dann eines. Den Tod zu denken heißt, ihn aufzulösen: Der Gegenstand entgleitet uns unvermeidlich. Der Tod ist nichts (Epikur) oder ist nicht der Tod (Platon), sondern ein anderes Leben.

Es ist schwer zu erkennen, welchen Mittelweg es zwischen diesen beiden Extremen gibt – wenn nicht den, der keiner ist, den der eingestandenen Unwissenheit, der Unsicherheit, des Zweifels oder sogar der Gleichgültigkeit ... Doch da die

Unwissenheit, soweit sie den Tod betrifft, unser aller Los ist, bedeutet diese dritte Position lediglich, dass wir berücksichtigen, was an den beiden ersten ungewiss oder unentscheidbar ist. Im Übrigen bringen diese beiden Auffassungen weniger extreme als gegensätzliche Positionen zum Ausdruck, womit sie dem Satz vom ausgeschlossenen Dritten unterliegen. Entweder ist der Tod etwas, oder er ist nichts. Wenn er aber etwas ist, kann dieses, das ihn vom Nichts unterscheidet, nur ein anderes Leben sein, etwas düsterer oder etwas strahlender als das andere – je nach unserem Glauben. Kurzum, das Geheimnis des Todes berechtigt eigentlich nur zu zwei Arten von Reaktionen, vielleicht prägt es deshalb die Geschichte der Philosophie und der Menschheit so nachhaltig: Es gibt die Menschen, die den Tod ernst nehmen, ihn für das endgültige Nichts halten (in diesem Lager finden wir fast alle Atheisten und materialistischen Philosophen), und auf der anderen Seite diejenigen, die in ihm nur ein Durchgangsstadium, einen Übergang zwischen zwei Leben sehen oder sogar den Beginn des wahren Lebens (wie es die meisten Religionen und mit ihnen die spiritualistischen oder idealistischen Philosophen verkünden). Das Geheimnis wird dadurch natürlich nicht geringer. Den Tod zu denken, sagte ich, heißt, ihn aufzulösen. Doch das hat niemandem erspart zu sterben, noch hat es vorab erhellt, was sterben bedeuten könnte.

Was nützt es dann, so könnte man fragen, über eine Frage nachzudenken, die unlösbar ist für uns? Weil davon, wie beispielsweise Pascal gesagt hat, unser ganzes Leben und unser ganzes Denken abhängt: Je nachdem, ob wir glauben, dass es noch »etwas« nach dem Tod gibt, werden wir anders leben und anders denken. Wer sich im Übrigen nur für Probleme interessiert, die wirklich gelöst (und damit als Probleme erledigt) werden können, sollte auf das Philosophieren verzichten. Aber dafür müsste er sich erst von sich selbst oder von einem Teil seines Denkens lossagen. Die Wissenschaften antworten auf keine der wirklich wichtigen Fragen, die wir uns stellen. Warum gibt es etwas anstelle von nichts? Lohnt das Leben die Mühe, gelebt zu werden? Was ist das Gute? Was das Böse? Sind wir frei oder determiniert? Gibt es Gott? Gibt es ein Leben nach dem Tod? Diese Fragen, die man im weitesten Sinne als metaphysisch bezeichnen kann (sie überschreiten jede mögliche Physik), machen denkende Wesen aus uns, oder vielmehr philosophierende Wesen (denn auch in den Wissenschaften denkt man, stellt sich aber diese Fragen nicht), und die bezeichnet man als Menschheit oder, wie die Griechen sagten, als die Sterblichen: nicht die, die sterben werden – Tiere sterben auch –, sondern die, die wissen, dass sie sterben werden, ohne jedoch zu wissen, was das bedeutet, und ohne dennoch umhinzukönnen, daran zu denken. Der Mensch ist ein metaphysisches Tier; daher ist der Tod stets sein Problem. Es geht nicht darum, es zu lösen, sondern sich ihm zu stellen.

Hierher gehört die berühmte Formulierung: »Philosophieren heißt sterben lernen.« In dieser Form und auf Französisch *(Que philosopher c'est apprendre à mourir)* ist es der Titel eines der Essais von Montaigne, des zwanzigsten des Ersten Buchs. Doch Montaigne übernimmt den Gedanken eingestandenermaßen von Cicero, der ihn in den Gesprächen in Tusculum *(Tusculanae disputationes)* als Platon-Zitat präsentiert. Sagen wir, es ist ein Gedanke von Platon, der von Cicero ins Lateinische und später von Montaigne ins Französische übersetzt wurde. Wichtig ist etwas anderes, wichtig ist, dass dieser Satz, wie Montaigne bereits deutlich machte, zwei verschiedene Lesarten hat, zwischen denen sich mehr oder weniger das ganze Leben – und ein Gutteil der Philosophie – entscheidet.

Auf der einen Seite Platons Lesart: Der Tod, das heißt, die Trennung der Seele vom Körper, sei das Ziel des Lebens, für das die Philosophie eine Art Abkürzung darstelle. Also Selbstmord? Ganz im Gegenteil: Ein lebendigeres, reineres, freieres Leben, weil befreit von der Vorwegnahme jenes Gefängnisses – oder sogar jenes Grabes, wie es im *Gorgias* heißt –, das der Leib ist. Die wahren Philosophen seien bereits tot, schrieb Platon, und deshalb schrecke sie der Tod nicht: Was könnte er ihnen nehmen?

Auf der anderen Seite Montaignes Lesart: Der Tod sei nicht das Ziel *(but)*, sondern das Ende *(bout)* des Lebens, sein Abschluss, sein absoluter Endpunkt (und nicht sein Zweck). Wir müssen uns auf ihn vorbereiten, ihn akzeptieren, da wir nicht vor ihm fliehen können, ohne dass wir uns deshalb unser Leben und unsere Freuden verderben lassen. In den ersten Essais will Montaigne noch ständig an ihn denken, um sich an ihn zu gewöhnen, um sich auf ihn vorzubereiten, um sich gegen ihn zu wappnen, wie er sagt. In den letzten scheint die Gewöhnung schon so weit gediehen zu sein, dass dieser Gedanke weniger notwendig, weniger beharrlich, weniger dringlich wird: Die Hinnahme genügt, und sie wird mit der Zeit immer leichter und sanfter. Das ist weniger ein Widerspruch als eine Entwicklung, die von Montaignes Erfolg oder zumindest Fortschritt zeugt. Furcht? Geht vorbei. Mut? Geht vorbei. Besser ist die Gelassenheit, die weder Zerstreuung noch Vergessen ist, sondern heitere Hinnahme. Montaigne fasst das in einem der schönsten Sätze zusammen, die er jemals geschrieben hat: »Ich will also durchaus, daß man werke und wirke und die Aufgaben des Lebens so lange wahrnehme, wie man kann. Ich will, daß der Tod mich beim Kohlpflanzen antreffe – aber derart, daß ich mich weder über ihn noch gar über meinen unfertigen Garten gräme.«[17] Philosophieren heißt nur deshalb, sterben zu lernen, weil es auch heißt, leben zu lernen, und weil der Tod – der Begriff des Todes, die Unausweichlichkeit des Todes – dazugehört. Doch nur das Leben zählt. Die wahren Philosophen haben gelernt, es zu lieben, wie es ist; warum sollte es sie schrecken, dass es sterblich ist?

17 Michel de Montaigne, »Philosophieren heißt sterben lernen«, *Essais, Erstes Buch,* München, btb, 2000, S. 137.

Nichts oder Wiedergeburt? Ein anderes Leben oder gar kein Leben mehr? Jedem ist es selbst überlassen, zwischen diesen beiden Möglichkeiten zu wählen, und wir können sogar – wie die Skeptiker, wie vielleicht auch Montaigne – die Wahl verweigern: die Frage offenlassen, was sie ja auch wirklich ist, und uns in dieser Offenheit einrichten und leben. Das ist immer noch eine Art, an den Tod zu denken, zwangsläufig. Denn wie könnten wir nicht an das denken, was – für alles Denken, für alles Leben – den äußersten Horizont bildet?

Doch Spinoza schreibt: »Ein freier Mensch denkt an nichts weniger als an den Tod; und seine Weisheit ist ein Nachdenken über das Leben, nicht über den Tod.«[18] Der zweite Teil des Satzes ist so einleuchtend, wie der erste paradox erscheint. Wie sollen wir über das Leben nachdenken, ohne uns gleichzeitig mit seiner Kürze, seiner Unsicherheit, seiner Vergänglichkeit auseinanderzusetzen? Dass der Weise (und nur er ist laut Spinoza frei) eher an das Sein als an das Nichtsein denkt, eher an das Leben als den Tod,

18 Baruch de Spinoza, *Ethik in geometrischer Ordnung dargestellt, Werke in drei Bänden,* Bd. 1, Hamburg, Meiner, 2006, S. 250.

eher an seine Möglichkeiten als seine Schwächen, mag angehen. Doch wie können wir das Leben in seiner Wahrheit erfassen, ohne zugleich – jede Bestimmung ist eine Negation – seine Endlichkeit oder Sterblichkeit zu berücksichtigen?

Allerdings korrigiert Spinoza diesen Gedanken in einem anderen Abschnitt der *Ethik*, da er möglicherweise zu einseitig ist. Für jedes endliche Wesen, so erläutert er, gibt es ein anderes, stärkeres, das jenes zerstören kann. Damit erkennt er an, dass jedes Lebewesen sterblich ist und dass keines leben oder in seinem Sein beharren kann, ohne dem Tod zu widerstehen, der es von überall her bedrängt oder bedroht. Das Universum ist stärker als wir. Die Natur ist stärker als wir. Deshalb sterben wir. Leben heißt kämpfen, widerstehen, überleben, und niemand kann das ewig. Am Ende heißt es sterben, das ist das einzige Ende, das uns verheißen ist. Immer daran zu denken hieße, zu viel daran zu denken. Doch nie daran zu denken hieße, auf das Denken zu verzichten.

Außerdem ist niemand absolut frei, niemand vollkommen weise. Das beschert dem Gedanken an den Tod schöne Tage oder schwierige Nächte, die wir einfach hinnehmen müssen.

Wir hätten gerne ein Leben nach dem Tod, weil nur das uns erlaubte, mit absoluter Gewissheit auf die ihn betreffende Frage zu antworten. Doch die Neugier ist kein Argument – so wenig wie die Hoffnung.

Die einen sehen im Tod das Heil, das sie vielleicht erwartet, oder halten es, wie Platon sagt, für ein schönes Risiko, sich auf ihn einzulassen. Die anderen, die von ihm nichts als das Nichts erwarten, sehen in ihm mehr oder weniger die Ruhe: den Fortfall der Erschöpfung. Beide Vorstellungen sind tröstlich oder können es sein. Das ist ein möglicher Nutzen des Gedankens an den Tod: das Leben durch die Hoffnung erträglicher oder durch seine Einmaligkeit unersetzlicher zu machen. In beiden Fällen ein Grund, es nicht zu vergeuden.

Ich gehöre zu den Menschen, für die das Nichts wahrscheinlicher ist – so wahrscheinlich, dass es praktisch schon eine Gewissheit ist. Ich finde mich damit ab, so gut ich kann – und eigentlich gar nicht so schlecht. Der Tod der Menschen, die mir nahestehen, beunruhigt mich weniger als der Gedanke, dass sie leiden könnten. Mein eigener Tod weniger als der ihre. Vielleicht ist das eine Errungenschaft des Alters oder der

Vaterrolle. Mein Tod wird mir nur mich selbst nehmen; daher wird er mir alles und nichts nehmen, denn es wird niemand mehr sein, der irgendetwas verloren hätte. Der Tod der anderen ist ungleich realer, ungleich spürbarer, ungleich schmerzlicher. Was uns leider nicht davon entbindet, uns auch ihm zu stellen. Das nennen wir Trauer, von der Freud gezeigt hat, dass sie zunächst eine Arbeit an uns selbst ist, die, wie jeder weiß, Zeit braucht und ohne die wir uns nie wieder mit unserer Existenz aussöhnen können. In dem Aufsatz ›Zeitgemäßes über Krieg und Tod‹ schreibt Freud: »Wir erinnern uns des alten Spruches: *Si vis pacem, para bellum.* Wenn du den Frieden willst, so rüste zum Kriege. Es wäre zeitgemäß, ihn abzuändern: *Si vis vitam, para mortem.* Wenn du das Leben aushalten willst, richte dich auf den Tod ein.«[19] Das Leben aushalten? Das ist nicht genug. Wenn du das Leben lieben willst, wenn du es sehenden Auges würdigen willst, vergiss nicht, dass das Sterben dazugehört. Den Tod anzunehmen – den eigenen und den

19 Sigmund Freud, »Zeitgemäßes über Krieg und Tod«, *Gesammelte Werke,* Bd. 10, Frankfurt, Fischer, 1963, S. 355.

unserer Lieben – ist die einzige Möglichkeit, bis ans Ende des Lebens getreu zu bleiben.

Sterbliche, die Sterbliche lieben: das sind wir, und das zerreißt uns. Doch dieser Riss, der uns zu Menschen macht, verleiht dem Leben zugleich den höchsten Wert. Würde der Mensch nicht sterben und das Leben sich nicht dergestalt vor dem tiefdunklen Hintergrund des Todes abheben, wäre das Leben dann so kostbar, einmalig, erschütternd? »Wenn du nicht beständig genug an den Tod gedacht hast«, schrieb Gide, »hast du dem kürzesten Augenblick deines Lebens nicht genügend Wert verliehen.« Du musst also an den Tod denken, um das Leben mehr zu lieben – zumindest, um es so zu lieben, wie es ist: gefährdet und flüchtig –, um es mehr zu schätzen, um es besser zu leben, und das liefert eine hinreichende Rechtfertigung für dieses Kapitel.

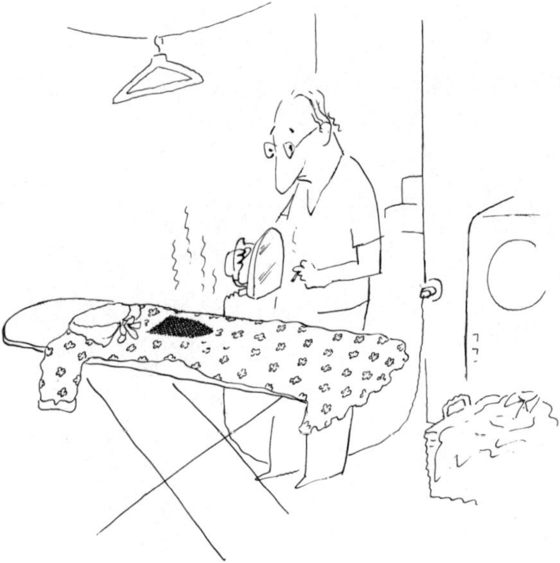

Erkenntnis

Und es vermag das Auge nicht das Wesen der Dinge zu schauen.[20]
Lukrez

Erkennen heißt, das zu denken, was ist. Erkenntnis ist eine bestimmte Beziehung – der Übereinstimmung, der Ähnlichkeit, der Entsprechung – zwischen Bewusstsein und Welt, zwischen Subjekt und Objekt. So kennen wir unsere Freunde, unser Stadtviertel, unser Haus: Das, was ich vor meinem geistigen Auge habe, wenn ich daran denke, entspricht ungefähr dem, was in der Wirklichkeit vorhanden ist.

Dieses Ungefähr unterscheidet die Erkenntnis von der Wahrheit. Denn hinsichtlich unserer Freunde können wir uns täuschen. Was mit unse-

20 Lukrez, *De rerum natura. Welt aus Atomen*, lateinisch-deutsch, IV. Buch, 385, Stuttgart, Reclam, 1994, S. 283.

rem Stadtviertel ist, wissen wir nicht so recht. Und selbst bei unserem Haus gibt es eine Menge Dinge, über die wir nicht Bescheid wissen. Wer könnte schwören, dass es nicht von Termiten zerfressen oder – wer weiß – auf einem verborgenen Schatz erbaut ist? Es gibt kein absolutes Wissen, kein vollkommenes Wissen, kein unendliches Wissen.

Kennst du dein Viertel? Klar! Doch um es vollständig zu kennen, müsstest du das kleinste Gässchen beschreiben können, das sich dort befindet, jedes noch so unbedeutende Gebäude in jeder Straße, jede winzige Wohnung in jedem Gebäude, jeden Winkel in jeder Wohnung, jedes Staubkorn in jeder Ecke, jedes Atom in jedem Staubkorn, jedes Elektron in jedem Atom … Wie könntest du das? Dazu bedürfte es eines totalen Erkenntnisvermögens und einer unendlichen Intelligenz: beides besitzen wir nicht.

Das heißt jedoch nicht, dass wir nichts wissen. Wäre das der Fall, wie wüssten wir dann, was Wissen und was Nichtwissen bedeuten? Montaignes Frage, die faktisch ist (Was weiß ich?), und Kants Frage, die rechtens ist (Was kann ich wissen? Wie und unter welchen Bedingungen?), setzen beide den Begriff einer zumindest möglichen Wahrheit voraus. Wäre sie nicht möglich, wie könnten wir dann urteilen und wozu taugte dann die Philosophie?

Die Wahrheit ist das, was ist (*veritas essendi:* die Wahrheit des Seins), oder das, was genau dem entspricht, was ist (*veritas cognoscendi:* die Wahrheit der Erkenntnis). Deshalb ist keine Erkenntnis die Wahrheit: Weil wir nie absolut erkennen, was ist, oder alles erkennen, was ist. Was immer ist, können wir nur durch unsere Sinne, unsere Vernunft, unsere Theorien erkennen. Wie sollte eine unmittelbare Erkenntnis möglich sein, da doch alle Erkenntnis ihrem Wesen nach Vermittlung ist? Der geringste unserer Gedanken trägt den Stempel unseres Körpers, unseres Verstands, unserer Kultur. Jede unserer Vorstellungen ist menschlich, subjektiv, begrenzt und kann daher der unerschöpflichen Komplexität des Wirklichen nicht absolut entsprechen.

»Die Augen des Menschen können die Dinge lediglich in den Formen wahrnehmen, die ihnen bekannt sind«,[21] sagte Montaigne, und Kant zeigte, dass wir sie nur in den For-men – »Kate-

21 Michel de Montaigne, »Apologie für Raymond Sebond«, *Essais, Zweites Buch*, München, btb, 2000, S. 311.

gorien« – unseres Verstands denken können. Andere Augen zeigten uns eine andere Landschaft. Ein anderer Verstand dächte sie anders. Ein anderes Gehirn erfände vielleicht eine andere Mathematik, eine andere Physik, eine andere Biologie … Wie sollten wir die Dinge so erkennen, wie sie *an sich* sind, da wir sie doch immer nur so denken, wie sie *für uns* sind? Wir haben keinen direkten Zugang zur Wahrheit (wir können sie immer nur durch die Vermittlung unseres Empfindungsvermögens, unserer Vernunft, unserer Beobachtungs- und Messinstrumente, unserer Begriffe, unserer Theorien erkennen), keine absolute Berührung mit dem Absoluten, keine unendliche Öffnung zum Unendlichen. Es gibt Erkenntnis nur für ein Subjekt. Wie könnte sie also, selbst in der Wissenschaft, vollkommen objektiv sein?

Erkenntnis und Wahrheit sind also zwei verschiedene Begriffe. Aber sie stehen auch miteinander in Zusammenhang. Keine Erkenntnis ist die Wahrheit, aber eine Erkenntnis, die nicht wahr ist, ist auch keine Erkenntnis (sondern ein Wahn, ein Irrtum, eine Täuschung …). Keine Erkenntnis ist absolut, aber sie ist nur dadurch eine Erkenntnis – und nicht einfach eine Annahme oder Meinung –, dass sie einen Teil des Absoluten enthält oder zugänglich macht.

Nehmen wir beispielsweise die Bewegung der Erde um die Sonne. Niemand kann sie absolut, total, vollkommen erkennen. Aber wir wissen genau, dass es diese Bewegung gibt und dass es eine Drehbewegung ist. Die Theorien von Kopernikus und Newton sind, so relativ sie auch bleiben (da es sich um Theorien handelt), wahrer und sicherer – also eher absolut – als die des Hipparch oder Ptolemäus. Und entsprechend ist die Relativitätstheorie eher absolut als die Himmelsmechanik des 18. Jahrhunderts: Jene erklärt diese, aber diese nicht jene. Dass alle Erkenntnisse relativ sind, bedeutet nicht, dass sie alle gleich sind. Der Fortschritt von Newton zu Einstein ist so unstrittig wie der von Ptolemäus zu Newton.

Deshalb gibt es eine Wissenschaftsgeschichte, und deshalb ist diese Geschichte zugleich normativ und unumkehrbar: Denn sie stellt das Wahrere dem weniger Wahren gegenüber, und sie verhindert, dass wir in die Irrtümer zurückfallen, die wir verstanden und widerlegt haben. Das zeigen, jeder auf seine Weise, Bachelard und Popper. Keine Wissenschaft ist endgültig. Doch wenn die Wissenschaftsgeschichte »die unumkehrbarste

Geschichte ist«, wie Bachelard sagt, so liegt es daran, dass in ihr der Fortschritt beweisbar und bewiesen ist, dass er »die eigentliche Dynamik der wissenschaftlichen Kultur ist«. Keine Theorie ist vollkommen wahr oder auch nur vollkommen verifizierbar. Aber wenn es sich um eine wissenschaftliche Theorie handelt, muss es möglich sein, sie an der Erfahrung zu messen, sie zu überprüfen, sie zu »falsifizieren«, wie Popper sagt, mit anderen Worten, ihre Unrichtigkeit gegebenenfalls zu dokumentieren. Die Theorien, die diese Prüfungen bestehen, ersetzen diejenigen, die den Test nicht bestehen, indem sie sich diese einverleiben oder hinter sich lassen. Das ist wie eine kulturelle Selektion der Theorien (in dem Sinne, wie Darwin von der natürlichen Selektion der Arten spricht), die für den Fortschritt der Wissenschaften sorgt – nicht von Gewissheit zu Gewissheit, wie gelegentlich angenommen wird, sondern durch »Vertiefung und Streichungen«, wie Cavaillés sagte, oder, mit Poppers Worten, »durch Versuch und Irrtumselimination«. Insofern ist eine wissenschaftliche Theorie immer partiell, provisorisch, relativ, was uns jedoch nicht dazu berechtigt, sie alle abzulehnen oder ihnen – was den Verzicht auf Erkenntnis bedeutete – die Ignoranz oder den Aberglauben vorzuziehen. Der Fortschritt der Wissenschaften beweist zugleich – so spektakulär und unstrittig er auch ist – ihre Relativität (eine absolute Wissenschaft könnte keinen Fortschritt mehr erzielen) und ihre zumindest partielle Wahrheit (wenn an unseren Wissenschaften nichts wahr wäre, könnten sie ebenfalls keine Fortschritte erzielen und wären keine Wissenschaften).

Hüten wir uns trotzdem davor, Erkenntnis und Wissenschaft zu verwechseln oder jene auf diese zurückzuführen. Du kennst deine Adresse, dein Geburtsdatum, deine Nachbarn, deine Freunde, deine Vorlieben, kurzum, tausend Dinge, die dir keine Wissenschaft beibringt oder garantiert. Die Wahrnehmung, die Erfahrung ist bereits ein – wenn auch vages – Wissen (was Spinoza Erkenntnis der ersten Gattung nennt), ohne das Wissenschaft unmöglich wäre. »Wissenschaftliche Wahrheit« ist also kein Pleonasmus: Es gibt nicht-wissenschaftliche Wahrheiten, und es gibt wissenschaftliche Theorien, die sich eines Tages als unwahr herausstellen.

Stell dir beispielsweise vor, du müsstest vor Gericht aussagen. Dort wird nicht von dir verlangt, dass du diesen oder jenen Punkt wissenschaftlich beweist, sondern dass du einfach sagst, was du glaubst oder, besser noch, was du weißt. Ob du dich irren kannst? Natürlich.

Deshalb sind mehrere Zeugenaussagen wünschenswert. Doch selbst diese Pluralität ist nur sinnvoll, wenn wir von der Annahme einer möglichen Wahrheit ausgehen, sonst gäbe es keine Rechtsprechung. Hätten wir keinen Zugang zur Wahrheit oder gäbe es keine Wahrheit, wie unterschiede sich dann ein Schuldiger von einem Unschuldigen? Eine Zeugenaussage von einer Verleumdung? Gerechtigkeit von einem Justizirrtum? Und wozu würden wir dann gegen die Holocaustleugner, Dunkelmänner und Lügner kämpfen?

Entscheidend ist hier, dass wir Skeptizismus nicht mit Sophistik verwechseln. Skeptisch zu sein, wie Montaigne oder Hume, heißt, zu denken, dass nichts gewiss ist, wofür es ausgezeichnete Gründe gibt. Als Gewissheit bezeichnen wir das, woran wir nicht zweifeln können. Doch wie kann ein Unvermögen etwas beweisen? Jahrtausendelang waren sich die Menschen gewiss, dass die Erde unbewegt war: was die Erde nicht daran hinderte, sich wie eh und je zu bewegen. Eine Gewissheit wäre eine bewiesene Erkenntnis. Doch unsere Beweise sind nur verlässlich unter der Bedingung, dass unser Verstand es ist; wie wollen wir aber beweisen, dass er es ist, da wir es doch nur durch ihn beweisen können? »Um das Erscheinungsbild zu beurteilen, das wir von den Gegenständen aufnehmen, brauchten wir ein zuverlässiges Instrument, um die Zuverlässigkeit dieses Instruments zu verifizieren, brauchten wir einen Beweis; um diesen Beweis zu verifizieren, brauchten wir ein zuverlässiges Instrument – und so drehn wir uns fortwährend im Kreis.«[22] Das ist der Zirkel der Erkenntnis, der ihr verbietet, Anspruch auf das Absolute zu erheben. Ihn verlassen? Es ginge nur mittels der Vernunft oder der Erfahrung; doch weder die eine noch die andere kann das leisten: die Erfahrung nicht, weil sie von den Sinnen abhängt; die Vernunft nicht, weil sie von sich selbst abhängt. »Da die Sinne, selber voll Unentschiedenheit, unsren Disput nicht entscheiden können«, fährt Montaigne fort, »müssen Vernunftgründe dies tun; ohne sich auf einen andern zu gründen – und so drehn wir uns kreiselnd bis ins Unendliche zurück.«[23] Wir haben nur die Wahl zwischen dem Zirkel oder dem

22 Michel de Montaigne, »Apologie für Raymond Sebond«, *Essais, Zweites Buch,* München, btb, 2000, S. 411.

23 ebend.

unendlichen Regress; mit anderen Worten, wir haben keine Wahl: Das, was die Erkenntnis möglich macht (die Sinne, die Vernunft, das Urteil), verbietet uns, sie zur Gewissheit zu erheben.

Die wunderbare Formulierung von Jules Lequier: »Wenn wir felsenfest glauben, die Wahrheit zu besitzen, müssen wir wissen, dass wir glauben, und nicht glauben, dass wir wissen.« Zum Ruhme Humes und der Toleranz.

Die wunderbare Formulierung von Marcel Conche, Montaigne betreffend. Sicherlich hätten wir Gewissheiten, sagt er, von denen uns etliche rechtens erschienen (absolut begründete oder berechtigte Gewissheiten); doch »die Gewissheit, dass es rechtmäßige Gewissheiten gibt, ist eigentlich nur eine faktische Gewissheit«. Daraus ist zu schließen, dass auch die stärkste Gewissheit strenggenommen nichts beweist: Es gibt keine absolut stichhaltigen Beweise.

Müssen wir also auf das Denken verzichten? Keineswegs. »Es ist möglich, daß es wahrheitsgemäße Beweisführungen gibt, das ist jedoch nicht gewiß«, meint Pascal.[24] Das lässt sich in der Tat

24 Blaise Pascal, *Pensées,* übers. von Ulrich Kunzmann, DVD, Berlin, Infosoftware, 2000, 521/387.

nicht beweisen – weil jeder Beweis es voraussetzt. Die Aussage »Es gibt wahrheitsgemäße Beweisführungen« ist eine unbeweisbare Aussage. Die Aussage »Die Mathematik ist wahr« lässt sich nicht mathematisch beweisen. Die Aussage »Die Experimentalwissenschaften sind wahr« lässt sich nicht experimentell verifizieren. Das hindert uns aber nicht daran, uns mit Mathematik, Physik oder Biologie zu befassen oder zu denken, dass ein Beweis oder Experiment mehr wert oder besser ist als eine Meinung. Dass alles ungewiss ist, ist kein Grund, mit der Suche nach der Wahrheit aufzuhören. Denn es sei nicht gewiss, dass alles ungewiss sei, meint wiederum Pascal, was den Skeptikern recht gibt, indem es ihnen gleichzeitig die Möglichkeit nimmt, es zu beweisen. Es lebe von Montaignes Pyrrhonismus. Skeptizismus ist nicht das Gegenteil von Rationalismus, sondern ein scharfsinniger Rationalismus, der konsequent zu Ende gedacht ist – bis zu dem Punkt, wo die Vernunft an ihrer scheinbaren Gewissheit zu zweifeln beginnt. Denn was beweist ein Erscheinungsbild?

Anders verhält es sich mit der Sophistik. Ihre Vertreter denken nicht, dass nichts gewiss sei, sondern dass nichts wahr sei. Das hat weder

Montaigne noch Hume je geschrieben. Wie hätten sie, wenn sie es geglaubt hätten, philosophieren können, und warum hätten sie es tun sollen? Der Skeptizismus ist das Gegenteil des Dogmatismus. Die Sophistik das Gegenteil des Rationalismus, ja sogar der Philosophie. Wenn nichts wahr wäre, was bliebe dann noch von unserer Vernunft? Wie könnten wir diskutieren, argumentieren, erkennen? Jedem seine Wahrheit? Wenn das wahr wäre, gäbe es überhaupt keine Wahrheit mehr, denn sie gilt nur unter der Bedingung, dass sie allgemein ist. Beispielsweise weiß im Augenblick vielleicht niemand außer dir, dass du dieses Buch liest. Trotzdem ist es allgemein wahr: Niemand kann es irgendwo und irgendwann leugnen, ohne sich als unwissend oder Lügner zu erweisen. Insofern sei »das Allgemeine der Ort des Denkens«, sagt Alain, weshalb wir alle, zumindest von Rechts wegen, gleich sind vor dem Wahren. Die Wahrheit gehört niemandem; daher gehört sie, von Rechts wegen, allen. Die Wahrheit gehorcht nicht, daher ist sie frei und befreit.

Natürlich lässt sich nicht beweisen, dass die Sophisten unrecht haben (weil jede Beweisführung zumindest den Begriff der Wahrheit voraussetzt); doch dass sie recht hätten, lässt sich noch nicht einmal schlüssig denken. Gäbe es keine Wahrheit, wäre auch nicht wahr, dass es keine Wahrheit gibt. Wäre alles falsch, wie Nietzsche behauptete, wäre auch falsch, dass alles falsch ist. Insofern ist die Sophistik widersprüchlich (was der Skeptizismus nicht ist) und vernichtet sich selbst als Philosophie. Die Sophisten kümmert das kaum. Was stört sie ein Widerspruch? Was haben sie mit der Philosophie zu tun? Doch die Philosophen kümmert das seit Sokrates. Sie haben ihre Gründe dafür – die Vernunft und die Wahrheitsliebe. Wenn nichts wahr ist, können wir denken, was wir wollen – was sehr bequem für die Sophisten ist; doch dann können wir überhaupt nicht mehr denken, was tödlich für die Philosophie ist.

Als sophistisch bezeichne ich jeden Gedanken, der sich etwas anderem unterwirft als dem, was wahr erscheint, oder der die Wahrheit etwas anderem als ihr selbst unterwirft (beispielsweise der Stärke, dem Interesse, dem Verlangen, der Ideologie ...). Davor bewahrt uns die Erkenntnis auf der theoretischen Ebene so wie die Ehrlichkeit auf der praktischen. Denn wenn nichts wahr wäre und nichts falsch, gäbe es keinen Unterschied zwischen Wissen und Unwissen, zwischen Ehrlichkeit und Lüge. Das würde den Wissenschaften ebenso wie der Moral und der Demokratie den Garaus machen. Wenn alles falsch ist, ist alles erlaubt: Wir dürfen Experimente und Beweise fälschen (weil keine gültig sind), dem Aberglauben den gleichen Rang einräumen wie den Wissenschaften (weil keine Wahrheit sie unterscheidet), einen Unschuldigen verurteilen (weil es keinen nennenswerten Unterschied zwischen einer wahren und falschen Zeugenaussage gäbe), die bestdokumentierten historischen Wahrheiten leugnen (da sie so falsch sind wie der Rest), Verbrecher freilassen (weil nicht wahr ist, dass sie schuldig sind), uns gestatten, einer zu werden (weil es, selbst wenn wir schuldig sind, nicht wahr ist, dass wir es sind), und schließlich jede Wahl für ungültig erklären (da eine Wahl nur gültig ist, wenn wir ihr Ergebnis wahrhaftig kennen) ... Die Gefahren liegen auf der Hand: Wenn wir denken können, was wir wollen, können wir auch tun, was wir wollen. Die Sophistik führt zum Nihilismus wie der Nihilismus zur Barbarei.

Das verleiht dem Wissen seine geistige und zivilisatorische Dimension. »Was ist Aufklärung?«, fragt Kant. »Der Ausgang des Menschen aus seiner selbst verschuldeten Unmündigkeit«, antwortet er. Das gelingt uns nur durch die Erkenntnis: »*Sapere aude!* Habe Muth dich deines eigenen Verstandes zu bedienen! ist also der Wahlspruch der Aufklärung.«[25] Ohne moralistisch zu sein (erkennen heißt nicht urteilen, urteilen nicht erkennen), ist jede Erkenntnis trotzdem eine moralische Lektion: weil keine Moral ohne sie oder gegen sie möglich ist.

Deshalb müssen wir die Wahrheit, so Platon, »mit ganzer Seele« suchen – was umso mehr gilt, als die Seele möglicherweise nichts anderes als diese Suche ist.

Und deshalb kommen wir mit dieser Suche auch nie an ein Ende. Nicht weil wir nichts erkennen würden, was kaum wahrscheinlich ist, sondern weil wir niemals alles wissen. Der große Aristoteles hat es mit seinem gewohnten Sinn für das rechte Maß entsprechend zum Ausdruck gebracht: »Die Suche nach Wahrheit ist einerseits schwierig, andererseits einfach – denn es ist klar, dass kein Mensch ganz ans Ziel gelangt oder es völlig verfehlt.«

25 Immanuel Kant, »Was ist Aufklärung?«, *Kleine Schriften*, Akademie-Ausgabe, Bd. 8, S. 35.

Das ermöglicht uns, ununterbrochen zu lernen, und widerlegt die Dogmatiker (die behaupten, im Besitz der absoluten Wahrheit zu sein) sowie die Sophisten (die behaupten, die Wahrheit gebe es nicht oder sei vollkommen außer Reichweite).

Zwischen absolutem Unwissen und absolutem Wissen ist Raum für die Erkenntnis und den Fortschritt der Erkenntnis. Euch allen viel Spaß bei der Arbeit!

Freiheit

Der Gehorsam gegen das selbstgegebene Gesetz ist Freiheit.[26]
Jean-Jacques Rousseau

Frei zu sein heißt, zu tun, was wir wollen. Doch dieser Satz hat verschiedene Bedeutungen.

Zunächst einmal ist es die Freihheit zu tun, die Freiheit des Handelns und insofern der Gegensatz des Zwangs, des Hindernisses, der Sklaverei. Die Freiheit sei, schreibt Hobbes, »nichts anderes als die Abwesenheit von allem, was die Bewegung hindert. Deshalb ist das in ein Gefäß eingeschlossene Wasser nicht frei, das Gefäß hindert sein Ausfließen; dagegen wird es frei, wenn das Gefäß zerbricht. Ein jeder hat mehr oder weniger Freiheit, je nachdem er mehr oder weniger Raum

26 *Gesellschaftsvertrag*, Stuttgart, Reclam, 1977, S. 23.

zur Bewegung hat.«[27] So gesehen bin ich frei zu handeln, wenn mich nichts und niemand daran hindert. Diese Freiheit ist niemals absolut (es gibt immer Hindernisse) und selten gar nicht vorhanden. Selbst der Gefangene in seiner Zelle kann in der Regel sitzen oder stehen, reden oder schweigen, einen Ausbruch vorbereiten oder sich bei seinen Wächtern einschmeicheln ... Und kein Bürger kann in irgendeinem Staat der Welt alles tun, wozu er Lust hat: Die anderen und die Gesetze sind Einschränkungen, über die er sich nicht gefahrlos hinwegsetzen kann. Um diese Freiheit zu bezeichnen, spricht man oft von der Freiheit im politischen Sinne: weil der Staat die wichtigste Macht ist, die die Freiheit begrenzt, und sicherlich die einzige, die sie garantieren kann. In einer liberalen Demokratie ist sie größer als in einem totalitären Staat. Größer auch in einem Rechtsstaat als im Naturzustand: Weil nur das Gesetz den Freiheiten der einen und der anderen ermöglicht, nebeneinander zu existieren, statt sich zu bekämpfen, sich zu verstärken (auch indem sie sich gegenseitig begrenzen), statt sich

27 Thomas Hobbes, *Grundzüge der Philosophie, Zweiter und dritter Teil: Lehre vom Menschen und Bürger*, Leipzig, Meiner, 1918, S. 175.

zu zerstören. »Gibt es kein Gesetz«, sagt Locke, »so gibt es auch keine Freiheit. Freiheit bedeutet nämlich frei sein von Zwang und Gewalttätigkeit anderer, was nicht sein kann, wo es keine Gesetze gibt.«[28] Der Staat begrenzt deine Freiheit? Gewiss doch; aber er begrenzt auch die der anderen, was der deinen ermöglicht, sich überhaupt zu entfalten. Ohne Gesetze gäbe es nur Gewalt und Furcht. Und was wäre weniger frei als ein Mensch in ständiger Furcht oder Gefahr?

Frei zu sein heißt also, zu tun, was wir wollen: Freiheit des Handelns, Freiheit im politischen Sinne, physische und relative Freiheit. Das ist die Freiheit von Hobbes, Locke, Voltaire (»Freiheit ist nur das Vermögen zu handeln«) und vielleicht die einzige, die es gibt und deren Wert unstrittig ist.

Doch sind wir auch frei zu *wollen*, was wir wollen? Das ist die zweite Bedeutung des Wortes Freiheit: Freiheit des Willens, Freiheit im metaphysischen Sinne, absolute Freiheit, behaupten einige, ja übernatürliche Freiheit. Philosophisch ist das die problematischere und interessantere Bedeutung.

28 John Locke, *Über die Regierung*, Stuttgart, Mayer, 1974, S. 19.

Ein Beispiel: In einer Demokratie, die diesen Namen verdient, steht es dir bei einer Wahl frei, deine Stimme diesem oder jenem Kandidaten zu geben. Deine Handlungsfreiheit in der Wahlkabine ist total, wenn auch nicht absolut (sie ist auf die aktuelle Kandidatenliste beschränkt), und daher kannst du tatsächlich wählen, wen du willst. Politische Freiheit ist Handlungsfreiheit.

Aber steht es dir auch frei, diesen oder jenen wählen zu *wollen*? Steht es dir frei, deine Stimme für die Rechte abgeben zu wollen, wenn du links bist? Steht es dir frei, dich für links zu entscheiden, wenn du rechts bist? Steht es dir frei, dich für ein Lager zu entscheiden, wenn du keinem angehörst? Kannst du deine Meinungen, Wünsche, Ängste, Hoffnungen frei wählen? Und wenn ja, wie, da du doch von Meinungen, Wünschen, Ängsten oder Hoffnungen anderer beeinflusst sein könntest? Deine Stimme *auf gut Glück* abzugeben hieße nicht, frei zu wählen. Doch wenn du deine Stimme *für den, den du willst*, abgibst, bleibst du dann nicht der Gefangene dessen Willens oder der (sozialen, psychischen, ideologischen …) Ursachen, die ihn bestimmen? Wir wählen abhängig von unseren Meinungen. Aber wer wählt unsere Meinungen?

Spinoza erklärt dazu, »daß Menschen sich für frei halten, weil sie sich ihres Triebes und dessen, daß sie mit ihm manches wollen, bewußt sind und an die Ursachen, von denen sie veranlaßt werden, etwas zu begehren und zu wollen, nicht einmal im Traum denken, weil sie sie nicht kennen.«[29] Du tust, was du willst? Gewiss doch! Aber warum willst du es? Dein Wille ist ein Teil der Wirklichkeit: Für ihn, wie für alles andere, gelten das Prinzip des zureichenden Grundes (es gibt nichts ohne Grund – alles lässt sich erklären), das Kausalitätsprinzip (nichts entsteht aus nichts: alles hat eine Ursache) und schließlich der allgemeine Determinismus der makroskopischen Dinge. Und sollte auf mikroskopischer – subatomarer – Ebene auch letztlich der Indeterminismus herrschen (wie die Epikureer meinten und die Quantenphysik heute zu bestätigen scheint[30]), so bist du deshalb doch auf neurobiologischer Ebene durch die Atome, aus denen du bestehst,

29 Baruch de Spinoza, *Ethik in geometrischer Ordnung dargestellt, Werke in drei Bänden,* Bd. 1, Hamburg, Meiner, 2006, S. 43.

30 Etwa in Form der Heisenberg'schen Unschärferelation, die besagt, dass wir die Geschwindigkeit bzw. den Aufenthaltsort der kleinsten Teilchen nicht genau bestimmen können. (A. d. Ü.)

determiniert. Wenn ihre Bewegungen zufallsbedingt sind, ist damit ausgeschlossen, dass sie deinem Willen gehorchen: Vielmehr hängt dieser von jenen ab. Wie könnte denn ein zufallsabhängiger Wille frei sein?

Es gibt noch ein undurchdringlicheres Geheimnis als das der Wahlkabine: das deines Gehirns, in das niemand eindringen kann, noch nicht einmal du selbst. Was für einen Stimmzettel wirst du in den Umschlag stecken? Du hast die Wahl? Gewiss doch. Aber was weißt du über den neuronalen Mechanismus, der dich wählen lässt?

Denn diese Wahl bleibt, selbst angenommen, du träfest sie frei, dem unterworfen, was du bist. Millionen andere werden sich entscheiden, anders zu wählen. Und wann hast du dich entschieden, du selbst statt eines anderen zu sein?

Das ist zweifellos das schwierigste Problem. Wenn ich nicht das Subjekt wähle, das wählt [»ich«], bleiben alle Wahlhandlungen, die ich vornehme, bestimmt durch das, was ich bin, was ich nicht gewählt habe, und können daher nicht absolut frei sein. Aber wie könnte ich den wählen, der ich bin, da doch jede Wahl davon abhängt und da ich nur unter der Bedingung, dass ich schon jemand oder etwas bin, irgendwas wählen kann?

Das verbindet die beiden Fragen, die Diderot in *Jakob und sein Herr* stellt: »Kann ich nicht Ich sein? Und wenn ich Ich bin, kann ich anders wollen, als Ich?« Doch dann ist das Ich ein Gefängnis: Wie könnten wir da frei sein?

Wir sollten daraus aber nicht vorschnell schließen, dass es den freien Willen nicht gäbe oder dass er reine Illusion wäre. Frei zu sein, sagte ich, heißt, zu tun, was wir wollen. Frei sein zu wollen, bedeutet also, *zu wollen, was wir wollen*. Ich garantiere, dass es an dieser Freiheit niemals mangeln wird; denn wie könnten wir nicht wollen, was wir wollen, oder anderes wollen?

Der freie Wille ist, so verstanden, eine Art Pleonasmus: Jeder Wille sei frei, lehrten die Stoiker, daher sind »frei, spontan und absichtlich« (wie Descartes von der sich vollziehenden Handlung sagt) Synonyme. Diese Freiheit, deren Existenz nur wenige Philosophen bestritten haben, könnte man die *Spontaneität des Willens* nennen. Das ist die Freiheit im Sinne von Epikur und Epiktet, aber auch im Wesentlichen im Sinne von Aristoteles, Leibniz oder Bergson. Das ist der freie Wille oder vielmehr der Wille überhaupt, insofern er nur von mir abhängt (wenn auch dieses Ich selbst determiniert sein mag): Ich bin frei zu wollen, was ich will, und aus diesem Grund bin ich es tatsächlich.

Mein Gehirn kommandiert mich? Soll es doch. Aber wenn ich mein Gehirn *bin,* dann bin ich es doch, der mich kommandiert. Dass ich determiniert bin durch das, was ich bin, beweist, dass meine Freiheit nicht absolut ist, aber nicht, dass es sie nicht gibt: Insofern ist die Freiheit nichts anderes als das determinierte Vermögen, mich selbst zu determinieren. Nach Auskunft heutiger Neurobiologen ist das Gehirn ein »offenes selbstorganisierendes System«. Dass ich von ihm abhänge, ist mehr als wahrscheinlich. Doch abhängen von dem, was man ist (und nicht von etwas anderem), ist exakt die Definition von Unabhängigkeit! Zu Recht ist die Rede von einem *determinierten* Willen, um deutlich zu machen, dass er weder unterworfen noch schwach ist. Das ist nicht der Gegensatz von Freiheit, sondern gelebte Freiheit.

Übrigens spielt es hier kaum eine Rolle, ob es sich um das Gehirn oder eine immaterielle Seele handelt. In beiden Fällen heißt frei zu sein, von dem abzuhängen, was wir sind. »Wir sind frei«, schreibt Bergson, »wenn unsere Handlungen aus unserer Gesamtpersönlichkeit hervorgehen, wenn sie diese zum Ausdruck bringen, wenn sie mit dieser jene undefinierbare Ähnlichkeit haben, die wir gelegentlich zwischen Werk und Künstler finden.« Raffael hatte sicherlich nicht die Wahl, Raffael oder Michelangelo zu sein. Doch das hinderte ihn nicht daran zu malen. Ein Nichts kann nicht frei sein, ein unpersönliches Wesen kann nicht wählen. »Wir berufen uns darauf, dass wir dem allmächtigen Einfluss unseres Charakters erliegen«, fährt Bergson fort, doch nur, um sogleich zu bemerken, dass dieser Einwand nicht überzeugt: »Unser Charakter, das sind auch wir«, und von sich selbst beeinflusst zu werden (wie sollte es anders sein?) sei nichts anderes, als frei zu sein. »Mit einem Wort«, so Bergsons Schluss, »man kommt überein, eine Tat frei zu nennen, die vom Ich ausgeht, und nur vom Ich, dann ist der Akt, der den Stempel meiner Persönlichkeit trägt, wahrhaft frei, denn nur mein Ich allein erhebt Anspruch auf die Urheberschaft.« Das nenne ich die Spontaneität des Willens. Dass er determiniert ist, hindert ihn nicht daran, determinierend zu sein: Er kann sogar nur determinierend sein, *weil* er determiniert ist. Ich will nicht irgendwas, ich will, was ich will, und insofern bin ich frei, es zu wollen.

Sehr schön. Aber bin ich auch frei, etwas anderes zu wollen, als ich will? Ist mein Wille ein *spontanes* Entscheidungsvermögen (mit anderen Worten, ein Vermögen, das nur dem unterliegt, was ich bin) oder nur ein *nicht-determiniertes* Entscheidungsvermögen (das nichts und niemandem unterliegt, noch nicht einmal dem, was ich bin)? Also relative Freiheit (wenn sie vom Ich abhängig bleibt) oder absolute (wenn sogar das Ich von ihr abhängt)? Steht es mir beispielsweise nur frei, rechts zu wählen, wenn ich rechts bin, links, wenn ich links bin (Spontaneität des Willens: ich wähle, was ich will), oder steht es mir auch frei, rechts *oder* links wählen zu wollen, was voraussetzt, dass ich, von ganz außergewöhnlichen Situationen abgesehen, frei wähle, links oder rechts zu *sein*? Diese zweite Willensfreiheit ist sicherlich rätselhaft (da sie das Identitätsprinzip zu verletzen scheint: Sie setzt voraus, dass ich etwas anderes wollen kann, als ich will). Marcel Conche liefert eine perfekte Definition: »Der freie Wille ist das Vermögen, sich zu bestimmen, ohne von irgendetwas bestimmt zu werden.« Das ist die Freiheit im Sinne von Descartes, Kant, Sartre. Sie setzt voraus, dass das, was ich *tue* (meine Existenz), nicht von dem bestimmt wird, was ich *bin* (meiner Essenz), sondern sie vielmehr erschafft oder *frei* wählt. »Descartes hat sehr genau verstanden«, schreibt Sartre, »dass der Freiheitsbegriff die Forderung nach absoluter Autonomie einschließt, dass eine freie Tat eine vollkommen neue Hervorbringung ist, deren Keim noch nicht in einem früheren Zustand der Welt enthalten sein konnte, und dass infolgedessen Freiheit und Schöpfung eins sind.« Insofern ist, wie Sartre sehr genau gesehen hat, diese Freiheit nur möglich, wenn »die Existenz der Essenz vorausgeht«: Wenn der Mensch frei ist, dann deshalb, weil »zunächst nichts ist« und nur wird, »wozu er sich macht«. Ich bin nur frei unter der, zugegebenermaßen paradoxen, Bedingung, fähig zu sein, nicht der zu sein, der ich bin, und der zu sein, der ich nicht bin, das heißt, mich absolut zu wählen: »Jede Person [ist] eine absolute Wahl ihrer selbst«, schreibt Sartre in *Das Sein und das Nichts*.

Diese Wahl des Ich durch das Ich, ohne die der freie Wille unmöglich oder undenkbar ist, entspricht dem, was Platon am Ende des *Staats* durch den Mythos von Er erläutert (wo die Seelen zwischen zwei Inkarnationen ihren Leib und ihr Leben wählen), dem, was Kant den intelligiblen Charakter nennt und Sartre, in einem anderen

Zusammenhang, als Urfreiheit bezeichnet, die allen Wahlhandlungen vorausgeht und von der folglich alle Wahlhandlungen abhängen. Diese Freiheit ist absolut, oder sie ist nicht. Sie ist das nicht determinierte Vermögen, sich selbst zu determinieren, mit anderen Worten, das freie Vermögen, sich selbst zu erschaffen. Insofern ist sie allein Gott vorbehalten, wie manche glauben, oder macht aus uns Götter, wenn wir dazu fähig sind.

Also zwei Hauptbedeutungen – Freiheit des Handelns und Freiheit des Willens –, deren zweite sich wiederum in zwei Bedeutungen unterteilt: Spontaneität des Willens oder freier Wille.

Ist das alles? Keineswegs. Denn auch das Denken ist eine Tat: Zu tun, was wir wollen, kann auch heißen, zu *denken,* was wir wollen. Das bringt uns zu dem Problem der Gedankenfreiheit oder, wie man auch sagt, der Freiheit des Geistes.

Teilweise umfasst das Problem das der Handlungsfreiheit und damit der Freiheit im politischen Sinne: die Gedankenfreiheit (und alles, was sie voraussetzt: die Freiheit der Information, der Rede, der Widerrede ...) gehört zu den Menschenrechten und den Grundprinzipien der Demokratie.

Doch damit sind wir noch nicht am Ende unserer Überlegungen. Nehmen wir beispielsweise an, wir hätten es mit einem mathematischen Problem zu tun: Inwiefern bin ich *frei*, wenn ich es löse? Kann ich frei wählen? Bestimmt nicht: Die Lösung drängt sich mir auf, wenn ich den Beweis verstehe, und genauso zwangsläufig entzieht sie sich mir, wenn ich ihn nicht verstehe. Und trotzdem engt mich kein äußerer Zwang ein, während ich nachdenke: Ich denke das, was ich will, das heißt das, von dem ich weiß (oder glaube), dass es wahr ist. Ohne dieses Wissen könnte keine Freiheit wirksam werden. Hätte der Verstand keinen (auch nur partiellen) Zugang zur Wahrheit, bliebe er der Gefangene seiner selbst: Seine Schlussfolgerungen wären Wahnvorstellungen neben anderen, und jeder Gedanke wäre ein Symptom. Die Vernunft trennt uns. Sie befreit uns von uns selbst, indem sie uns für das Allgemeine öffnet. »Der Geist schuldet niemals Gehorsam«, schreibt Alain. »Das lässt sich an einem geometrischen Beweis zeigen: Wenn Sie ihm aufs Wort glauben, sind Sie ein Narr; dann verraten Sie den Geist.« Deshalb kann kein Tyrann die Wahrheit ausstehen. Deshalb kann kein Tyrann die Vernunft ausstehen. Weil beide nur sich selbst gehorchen: weil sie frei sind. Gewiss nicht, weil wir denken können, was wir wollen. Sondern weil die Notwendigkeit der Wahrheit die Definition ihrer Unabhängigkeit ist.

Welche Summe bilden in einem euklidischen Raum die drei Winkel eines Dreiecks? Egal, was mit meinem Körper ist, meinem Milieu, meinem Land, meinem *Unbewussten,* und egal auch, wer ich selbst bin, ich kann – wenn ich den Beweis kenne und verstehe – nichts anderes antworten als »180 Grad«. Und dennoch bin ich womöglich freier, als wenn ich mich dergestalt nur der Wahrheit unterwerfe, soweit sie mir bekannt ist, oder nur der Vernunft, mit anderen Worten, nur der Notwendigkeit in mir, die nicht ich bin, die mich aber durchdringt und die ich verstehe.

Die Beispiele ließen sich beliebig fortsetzen. Was gibt 3 mal 7? Welche Beziehung besteht zwischen Masse und Energie? Wer hat Heinrich IV. getötet? Kreist die Sonne um die Erde oder die Erde um die Sonne? Nur wer die Lösungen nicht kennt, kann seine Antwort frei wählen; nur wer sie kennt, kann frei antworten.

Die Freiheit des Geistes ist die Freiheit der Vernunft. Das ist keine freie Wahl, sondern eine freie Notwendigkeit. Das ist die Freiheit der Wahrheit oder die Wahrheit als Freiheit. Das ist die Freiheit nach Spinoza, nach Hegel, sicherlich auch nach Marx und Freud: die Freiheit als inbegriffene Notwendigkeit oder eher als Begreifen der Notwendigkeit.

Frei zu sein in der eigentlichen Bedeutung des Wortes heißt laut Spinoza, nur der eigenen Notwendigkeit unterworfen zu sein: insofern ist die Vernunft frei und befreiend.

Handlungsfreiheit, Spontaneität des Willens, freier Wille, Freiheit des Geistes oder der Vernunft … Jeder kann zwischen diesen vier Bedeutungen diejenige oder diejenigen auswählen (sie schließen sich gegenseitig nicht aus), die ihm am wichtigsten oder am plausibelsten erscheinen. Wäre diese Wahl frei? Das lässt sich nicht definitiv beantworten, da kein Wissen dafür ausreicht, da jede Antwort ihrerseits eine Wahl voraussetzt und von ihr abhängt. Die Freiheit ist Geheimnis und Problem zugleich: Wir können sie nie beweisen und noch nicht einmal ganz verstehen. Das Geheimnis konstituiert uns; insofern ist auch jeder Mensch eines für sich. Wenn ich gewählt habe, das zu sein, was ich bin, kann es nur in einem anderen Leben gewesen sein, so Platon, in einer anderen Welt, wie Kant sagen würde, oder wenigstens auf einer anderen Ebene als der daraus resultierenden bewussten Entscheidung, wie Sartre meinen würde. Doch von diesem anderen Leben, dieser anderen Welt oder dieser anderen Ebene kann ich definitionsgemäß keine Kenntnis haben: Daher kann ich immer glauben, ich sei frei (im Sinne des freien Willens), ohne es jemals beweisen zu können.

Doch vielleicht ist das gar nicht das Wesentliche. Von diesen vier Bedeutungen sind zumindest drei kaum zu bestreiten: Handlungsfreiheit, Spontaneität des Willens, die freie Notwendigkeit der Vernunft. Diesen drei Freiheiten ist gemeinsam, dass sie für uns nur relativ existieren (wir sind *mehr oder weniger* frei zu handeln, zu wollen, zu erkennen), und das bringt hinreichende Klarheit: Es geht weniger darum zu wissen, ob du absolut frei bist, als vielmehr darum zu verstehen, wie du es in höherem Maße *werden* kannst. Der freie Wille ist nicht so wichtig wie der Prozess der *Befreiung,* bei dem man auf ein Ziel hinarbeitet.

Wir werden nicht frei geboren, wir werden frei. Zumindest glaube ich das und daran, dass die Freiheit aus diesem Grund nie absolut, nie grenzenlos und nie endgültig ist: Wir sind *mehr oder weniger* frei, und es geht darum, es so weit wie möglich zu werden.

Selbst wenn Sartre recht hätte, würde mich das in diesem letzten Punkt nicht ins Unrecht setzen. Egal, ob wir schon frei sind oder nicht, das entbindet uns nicht davon, wie Nietzsche sagen würde, das zu werden, was wir sind. Mag auch – nach Sartre – jede Person »eine absolute Wahl ihrer selbst« sein, würde uns das nicht ersparen, zu handeln, zu wollen, zu erkennen.

Die Freiheit ist nicht nur ein Geheimnis; sie ist auch ein Ziel und Ideal. Selbst wenn sich das Geheimnis nicht vollständig klären lässt, so kann uns das Ideal doch klarer sehen lassen. Selbst wenn sich das Ziel nicht ganz erreichen lässt, so hindert uns das nicht daran, danach zu streben und ihm näher zu kommen.

Wir müssen lernen loszulassen: Diese Freiheit ist, wie wir von Spinoza wissen, nur ein anderer Name für Weisheit.

Gott

An einen Gott glauben heißt sehen,
dass das Leben einen Sinn hat.
Ludwig Wittgenstein[31]

Wir wissen nicht, ob es Gott gibt. Daher stellt sich die Frage, ob wir an ihn glauben oder nicht. »Ich mußte also das Wissen aufheben, um zum Glauben Platz zu bekommen«,[32] sagte Kant. Was allerdings daran liegt, dass das Wissen faktisch begrenzt ist: nicht nur, weil wir niemals alles wissen werden, das versteht sich von selbst, sondern weil sich uns das Wesentliche immer entzieht. Wir werden die ersten Ursachen und die letzten Zwecke niemals kennen. Warum gibt es etwas und nicht einfach nichts? Wir wissen es nicht.

31 *Geheime Tagebücher, 1914–1916*, Wien, Turia und Kant, 1991, Eintrag vom 8. Juli 1916.

32 Immanuel Kant, *Kritik der reinen Vernunft*, Akademie Ausgabe, Bd. 3, S. 33.

Wir werden es nie wissen. Zu welchem Zweck? Auch darüber werden wir nicht mehr wissen, selbst wenn es einen Zweck gibt. Doch wenn richtig ist, dass nichts aus nichts entsteht, dann scheint aus der bloßen Existenz von etwas – der Welt, dem Universum – zu folgen, dass schon immer etwas war, dass das Sein ewig ist, ungeschaffen, vielleicht schöpferisch, und dass es das ist, was einige Gott nennen.

Es gebe ihn schon seit ewiger Zeit. Eher außerhalb der Zeit, die er erschaffe, wie er alles erschaffe. Was tat Gott vor der Schöpfung? Nichts, erwidert Augustinus, da es kein *Vorher* gibt (weil jedes »Vorher« die Zeit voraussetzt): Es gab nur das »ewige Heute« Gottes, das nicht ein Tag ist (an welcher Sonne sollte man ihn messen, da alle Sonne von ihm abhängt?) und auch keine Nacht, sondern beiden vorausgeht und jeden Tag enthält, jede Nacht, dic wir erleben, die wir erleben werden, wie auch all die unzähligen Tage und Nächte, die niemand erlebt hat. Die Ewigkeit ist nicht in der Zeit, sondern die Zeit in der Ewigkeit. Gott ist nicht im Universum, sondern das Universum in Gott. Daran glauben? Nichts scheint leichter als das. Nichts hätte ohne dieses absolut Notwendige einen Grund zu existieren.

Gott ist außerhalb der Welt, wie seine Ursache und sein Zweck. Alles kommt von ihm, alles ist in ihm (»Denn in ihm leben, weben und sind wir«, heißt es bei Paulus[33]), alles strebt ihm entgegen. Er ist das Alpha und Omega des Seins: das absolute Sein – absolut unendlich, absolut vollkommen, absolut wirklich –, ohne das nichts Relatives existieren könnte. Warum gibt es etwas statt einfach nichts? *Weil es Gott gibt.*

Man könnte einwenden, dass damit unsere Frage nicht beantwortet ist (Warum Gott statt einfach nichts?), was vollkommen richtig ist. Doch Gott wäre dieses Sein, das auf die Frage nach seiner eigenen Existenz – aus sich selbst, durch sich selbst, in sich selbst – antwortete. Er ist die Ursache seiner selbst, wie die Philosophen sagen, und dieses Geheimnis (wie ein Sein sich selbst verursachen kann) ist ein Teil seiner Definition. »Unter Ursache seiner selbst verstehe ich das, dessen Essenz Existenz einschließt«, schreibt Spinoza, »anders formuliert das, dessen Natur nur als existierend begriffen werden kann.«[34] Das gilt nur für Gott, das ist Gott selbst. Zumindest der Gott der

33 Apostelgeschichte, 17:28.

34 Baruch de Spinoza, *Ethik in geometrischer Ordnung dargestellt,* Werke in drei Bänden, Bd. 1, Hamburg, Meiner, 2006, S. 5.

Philosophen. »Wie kommt der Gott in die Philosophie?«, fragt sich Heidegger.[35] Als Grund seiner selbst, antwortet er: »Das Sein des Seienden wird im Sinne des Grundes gründlich nur als causa sui vorgestellt. Damit ist der metaphysische Begriff von Gott genannt.«[36] »Zu diesem Gott«, fügt Heidegger hinzu, »kann der Mensch weder beten, noch kann er ihm opfern.«[37] Doch ohne ihn wäre kein Gebet, kein Opfer philosophisch denkbar. Was ist Gott? Er ist das absolut notwendige Sein (Ursache seiner selbst), der absolute Schöpfer (Ursache von allem), das absolute Absolute (er hängt von nichts ab, alles hängt von ihm ab): Er ist das Sein alles Seienden, der Grund von allem.

Existiert er? Er existiert aufgrund seiner Definition, ohne dass sich indessen seine Definition als Beweis werten ließe.

Das ist so faszinierend und irritierend zugleich an dem berühmten *ontologischen Gottesbeweis,* der – zumindest von Anselm von Canterbury bis Hegel – die ganze abendländische Philosophie

35 Martin Heidegger, *Identität und Differenz,* Pfullingen, Neske, 1957, S. 52.
36 a. a. O., S. 57.
37 a. a. O., S. 70f.

durchzieht. Wie lässt sich Gott definieren? Als höchstes Sein (Anselm von Canterbury: »Das, worüber hinaus nichts Größeres gedacht werden kann«), ein Sein von höchster Vollkommenheit (Descartes), das absolut unendliche Sein (Spinoza, Hegel). Gäbe es ihn jedoch nicht, wäre er weder am höchsten noch wirklich unendlich – und es würde ihm, um es ganz vorsichtig auszudrücken, etwas an seiner Vollkommenheit fehlen. Folglich existiert er per definitionem: Gott zu denken (ihn erfassen als das Höchste, Vollkommene, Absolute …), heißt, ihn als existierend zu denken. Descartes führt aus, »daß sich die Existenz von der Essenz Gottes ebensowenig trennen läßt, wie von der Essenz des Dreiecks, daß die Größe seiner drei Winkel zwei rechte beträgt oder von der Idee des Berges die Idee des Tales. Es widerstreitet daher ebensosehr, sich einen Gott, d. h. ein höchst vollkommenes Wesen zu denken, dem die Existenz mangele, d. h. dem eine gewisse Vollkommenheit mangele, als einen Berg zu denken ohne Tal.«[38] Man könnte einwenden, das beweise nicht, dass Berge und Täler existie-

38 René Descartes, *Meditationen über die Grundlagen der Philosophie*, 5,8, Hamburg, Meiner, 1994 (1915), S. 55 f.

ren … Gewiss, antwortet Descartes, aber trotzdem ließen sich Berge und Täler nicht voneinander trennen. Gleiches gelte von Gott: Seine Existenz sei untrennbar von seiner Essenz, also untrennbar von ihm, und deshalb existiere er notwendig. Der »Begriff von Gott«, schreibt Hegel, könne nicht anders gefasst werden, »als so, daß er das Sein in sich schließt«[39]: Nur Gott existiert durch seine Essenz.

Dass dieser ontologische Beweis nichts beweist, ist klar genug: Sonst wären wir alle gläubig, was die Erfahrung hinreichend widerlegt, oder Idioten, was sie nicht hinreichend bestätigt. Wie könnte eine Definition im Übrigen irgendetwas beweisen? Das ist so, als würde ich behaupten, reich werden zu können, indem ich den Reichtum definiere … »Hundert wirkliche Thaler enthalten nicht das Mindeste mehr, als hundert mögliche«,[40] meint Kant; aber mit hundert wirklichen Talern bin ich reicher als »mit dem Begriff oder der Möglichkeit der Sache«. Es genügt nicht, eine Summe zu definieren, um sie zu

39 Georg Wilhelm Friedrich Hegel, *Vorlesungen über die Philosophie der Religion,* Frankfurt a. M., Suhrkamp, 1986, Bd. 2, S. 529.
40 Immanuel Kant, *Vorlesungen über Rationaltheologie,* Akademie-Ausgabe, Bd. 28, S. 1177.

besitzen. Es genügt nicht, Gott zu definieren, um ihn zu beweisen. Die Welt, so scheint es, ist ein besseres Argument (nicht mehr *a priori*, sondern *a posteriori*), und genau das besagt der *kosmologische Gottesbeweis*.

Worum geht es? Um die Anwendung des Prinzips des zureichenden Grundes auf die Welt selbst. Leibniz sagt, »daß keine Tatsache als wahr oder existierend gelten kann und keine Aussage als richtig, ohne daß es einen zureichenden Grund dafür gibt, daß es so und nicht anders ist.«[41] Das heißt, dass sich alles, was existiert, zumindest rechtens, erklären lassen muss – selbst wenn wir faktisch nicht dazu in der Lage sein sollten. Doch die Welt existiert, ohne einen zureichenden Grund dafür liefern zu können (sie ist kontingent: Sie hätte ebenso gut nicht existieren können). Um ihre Existenz erklären zu können, müssen wir ihr deshalb einen Grund unterstellen. Wenn dieser Grund aber auch kontingent ist, muss er seinerseits durch einen anderen erklärt werden und so ad infinitum, was darauf hinausläuft, dass die ganze Folge von Gründen – mithin

41 Gottfried Wilhelm Leibniz, *Monadologie*, §32, Stuttgart, Reclam, 1998, S. 27.

die Welt – unerklärt bliebe. Daher müssen wir, um die Gesamtheit aller kontingenten Dinge (die Welt) zu erklären, ein absolut notwendiges Wesen (Gott) annehmen. »So muss«, fährt Leibniz fort, »der letzte Grund der Dinge in einer notwendigen Substanz liegen, in der das Besondere der Veränderung nur eminenter, wie in einer Quelle, enthalten ist, und die nennen wir Gott.«[42] Anders gesagt: *Wenn die Welt, dann Gott, oder: die Welt, also Gott.*

Dieser Kontingenz-Beweis, *a contingentia mundi* nennt Leibniz ihn (aber das war auch das Argument des Thomas von Aquin und in gewisser Weise schon das des Aristoteles), ist nach meiner Ansicht das stärkste Argument, das beunruhigendste und das einzige, das mich gelegentlich verunsichert. Die Kontingenz ist ein Abgrund, in dem man sich verlieren kann. Kann er wirklich ohne Boden, ohne Ursache, ohne Grund sein?

Allerdings ist der kosmologische Beweis nur so viel wert wie der Satz vom zureichenden Grunde. Wer Gott durch die Kontingenz der Welt beweisen will, gelangt immer noch von einem Begriff

42 a.a.O., §38, S.31.

(dem eines notwendigen Grundes) zu einer Existenz (der Gottes), und deshalb läuft dieser kosmologische Gottesbeweis, wie Kant sagte, letztlich auf den ontologischen Beweis hinaus. Warum sollte unsere Vernunft der Maßstab des Seins sein? Wie könnten wir uns seines Werts, seiner Geltung, seiner Zuverlässigkeit absolut gewiss sein? Nur ein Gott könnte all das garantieren. Aus diesem Grund ist ein rationaler Beweis seiner Existenz nicht möglich: Denn um die Richtigkeit unserer Argumente zu garantieren, müssten wir die zu beweisende Existenz dieses Gottes voraussetzen. Wir entkommen dem Abgrund, um uns in einem Zirkelschluss zu verfangen: So geraten wir von einer Aporie in die andere.

Vor allem beweist dieser kosmologische Beweis im besten Falle nur die Existenz eines notwendigen Wesens. Doch wer garantiert uns, dass dieses Wesen im normalen Sinn des Wortes ein Gott ist? Es könnte auch die Natur sein, wie Spinoza meinte, mit anderen Worten, zwar ein ewiges und unendliches Wesen, aber ohne Subjektivität oder Persönlichkeit: ein Wesen ohne Bewusstsein, ohne Willen, ohne Liebe – niemand würde darin einen akzeptablen Gott sehen. Wozu beten, wenn er uns nicht hört? Wozu gehorchen, wenn er nichts von uns verlangt? Wozu ihn lieben, wenn er uns nicht liebt?

Daher wohl auch der dritte der großen traditionellen Gottesbeweise, der *physikotheologische Beweis,* den ich lieber *physikoteleologisch* nennen möchte (von griechisch *telos:* der Zweck, das Ziel): Die Welt sei zu geordnet, zu harmonisch, offensichtlich zu *perfektioniert,* um sie erklären zu können, ohne an ihrem Ursprung eine wohlwollende und organisierende Intelligenz anzunehmen. Wie hätte der Zufall eine so schöne Welt schaffen können? Wie könnte das Leben, seine unglaubliche Komplexität, seine augenscheinliche Teleonomie durch Zufall entstanden sein? Fänden wir eine Normaluhr auf irgendeinem Planeten, würde niemand annehmen, sie ließe sich nur durch die Naturgesetze erklären: Jeder würde in ihr das Ergebnis intelligenten und absichtlichen Handelns sehen. Nun ist aber das einfachste Lebewesen unendlich viel komplizierter als die raffinierteste Uhr. Wie sollte der Zufall, der diese nicht erklären kann, jene erklären?

Die Naturwissenschaften werden eines Tages vielleicht eine Antwort finden. Aber schon jetzt ist es verblüffend festzustellen, dass dieses Argument, das lange Zeit das populärste, das unmittelbar überzeugendste war (schon Cicero bediente sich seiner, genauso wie Voltaire und Rousseau), heute einen Gutteil seiner Überzeugungskraft verloren hat. Denn die Harmonie wird brüchig – wie viele Zufälle im Universum, was für Schrecken in der Welt! –, und das, was bleibt, lässt sich immer besser erklären (durch die Naturgesetze, durch Zufall und Notwendigkeit, durch die Evolution und die natürliche Selektion der Arten, durch die allem innewohnende Rationalität …). Keine Uhr ohne Uhrmacher, sagten Voltaire und Rousseau. Doch was für eine miserable Uhr, die Erdbeben enthält, Orkane, Trockenheiten, fleischfressende Tiere, unzählige Krankheiten – und den Menschen! Die Natur ist grausam, ungerecht, gleichgültig. Wie könnten wir darin die Hand Gottes erkennen? Das nennen wir herkömmlicherweise das Problem des Bösen. Wer daraus ein *Geheimnis* macht, wie die meisten Gläubigen, gesteht ein, dass er unfähig ist, es zu lüften. Der physikotheologische Gottesbeweis hat heute einen Großteil seiner Überzeugungskraft eingebüßt. Zu viel Leid (und das schon lange vor dem Auftreten der Menschen: Auch die Tiere leiden), zu viel Gemetzel, zu viel Ungerechtigkeit. Das Leben ist prachtvoll organisiert? Gewiss. Aber auch eine erschreckende Häufung von Tragödien und Abscheulichkeiten. Dass sich Millionen Tierarten von Millionen anderen ernähren, ergibt für die Biosphäre eine Art Gleichgewicht. Doch mit wie vielen Greueltaten mussten die Lebenden es bezahlen? Die Tüchtigsten überleben; die anderen verschwinden. Für die Arten ist das eine Art Selektion. Doch wie viel Leid und Ungerechtigkeit bedeutet es für die Individuen? Die Naturgeschichte ist nicht gerade erbaulich. Die Menschheitsgeschichte ebenso wenig. Was für ein Gott nach Darwin? Was für ein Gott nach Auschwitz?

Der ontologische Beweis, der kosmologische Beweis und der physikotheologische Beweis – das sind die drei großen traditionellen Gottes-»Beweise«, die ich in diesem Kapitel kaum übergehen durfte. Trotzdem ist festzustellen, dass sie nichts beweisen, wie Kant schlüssig gezeigt und Pascal vor ihm erkannt hat. Das hinderte die beiden Genies nicht daran, an Gott zu glauben, oder vielmehr war es das, was aus ihren religiösen Überzeugungen das machte, was sie waren: einen *Glauben,* kein Wissen; eine Gnade oder eine Hoffnung, keinen Lehrsatz. Sie glaubten umso mehr an Gott, als sie darauf verzichtet hatten, seine Existenz beweisen zu wollen. Ihr *Glaube* war subjektiv umso intensiver, als sie objektiv um seine Unbeweisbarkeit wussten.

Das ist heute die Regel. Ich kenne kaum einen zeitgenössischen Philosophen, der sich aus anderen als historischen Gründen für diese Beweise interessiert, oder gläubige Christen, die sich auf sie verlassen. Denn: Brauchte man den *Glauben,* wenn es Beweise gäbe? Wäre ein Gott, den wir beweisen könnten, noch ein Gott?

Dennoch können wir über diese Beweise nachdenken, sie untersuchen, neue erfinden. Beispielsweise ließe sich ein rein *pantheistischer* (griechisch *to pan:* das Ganze) Gottesbeweis vorstellen. Nennen wir Gott die Gesamtheit von allem, was existiert: Folglich existiert er wieder per definitionem (die Gesamtheit von allem, was existiert, existiert notwendig). Doch was bedeutet das schon, da uns der Beweis weder sagt, was Gott ist, noch was er bedeutet? Das Universum gäbe nur einen plausiblen Gott ab, wenn zumindest es selbst daran glauben könnte. Aber ist das so? »Gott«, sagte mein Freund Marc Wetzel, »ist das Bewusstsein, das das Ganze von sich hat.« Mag sein. Aber wer beweist uns, dass das Ganze ein Bewusstsein hat?

Allen diesen Beweisen ist gemeinsam, dass sie gleichzeitig zu viel und zu wenig beweisen. Selbst wenn sie die Existenz von etwas Notwendigem, Absolutem, Ewigem, Unendlichem und so fort bewiesen, vermöchten sie nicht zu beweisen, dass dieses Etwas ein *Gott* im Sinne der meisten Religionen wäre: nicht nur ein Wesen, sondern eine Person, nicht nur eine Wirklichkeit, sondern ein Subjekt, nicht nur etwas, sondern jemand – nicht nur ein Prinzip, sondern ein Vater.

Das ist auch die Schwäche des Deismus, eines Glaubens ohne Kultus und Dogmen. »Ich glaube an Gott«, schrieb mir eine Leserin, »aber nicht an den der allzu menschlichen Religionen. Der wahre Gott ist unbekannt …« Sehr schön. Aber wenn wir ihn überhaupt nicht kennen, woher wissen wir dann, dass er Gott ist?

An Gott glauben setzt voraus, dass wir ihn zumindest ein wenig kennen, was nur mittels Vernunft, Offenbarung oder Gnade möglich ist. Doch die Vernunft bekennt immer offener, dass sie dafür nicht zuständig ist. Bleiben noch Offenbarung und Gnade, also die Religion … aber welche? Das spielt hier kaum eine Rolle, da die Philosophie keinen Ansatz bietet, sie auseinanderzuhalten. Der Gott der Philosophen hat für die meisten von uns weniger Bedeutung als der Gott der Propheten, der Mystiker oder der Gläubigen. Dazu haben sich Pascal und Kierkegaard treffender als Descartes oder Leibniz geäußert: Gott ist mehr ein Objekt des Glaubens als des Denkens, oder vielmehr nicht Objekt, sondern Subjekt, absolutes Subjekt, das sich nur in der Begegnung oder der Liebe zu erkennen gibt. In einer mystischen Nacht glaubte Pascal, das erlebt zu haben: »Der Gott Abrahams, der Gott Isaaks und der Gott Jakobs, nicht der Philosophen und der Gelehrten. Gewißheit, Gewißheit, Empfinden, Freude, Frieden. Der Gott Jesu Christi … Freude, Freude, Freude, Freudentränen.«[43] Das ist zwar kein Beweis, doch kein Beweis könnte ohne solche Erfahrungen dem Glauben genügen.

Das ist vielleicht der Punkt, an dem die Philosophie an ihr Ende kommt. Wozu das beweisen, dem man begegnet? Wie soll man das beweisen, dem man nicht begegnet? Das Dasein ist kein Prädikat, darin hat Kant recht, und deshalb könne man, sagte bereits Hume, eine Existenz weder beweisen noch widerlegen. Das Dasein

43 Blaise Pascal, *Pensées,* übers. von Ulrich Kunzmann, DVD, Berlin, Infosoftware, 2000, 618b.

gibt sich eher zu erkennen, als dass es sich beweist; es erweist sich, statt sich zu beweisen.

Man könnte vorbringen, dass die Erfahrung ein Beweis sei. Nicht doch, denn diese Art von Erfahrung ist weder wiederholbar noch verifizierbar, noch messbar oder vollkommen mitteilbar. Erfahrungen beweisen nichts, weil es auch falsche oder trügerische gibt. Eine Vision? Eine Ekstase? Die lassen sich auch mit Drogen hervorrufen. Und was beweist eine Droge? Wie soll derjenige, der Gott sieht, wissen, ob er ihn sieht oder halluziniert? Derjenige, der ihn hört, wissen, ob er ihm zuhört oder ihn sprechen lässt? Derjenige, der seine Gegenwart, seine Liebe, seine Gnade spürt, wissen, ob er sie wahrnimmt oder imaginiert? Ich kenne keinen Gläubigen, der sich der Wahrhaftigkeit seines Glaubens so sicher wäre wie ich mir der Echtheit meiner Träume, wenn ich schlafe. Das beweist zur Genüge, dass eine Gewissheit, solange sie rein subjektiv bleibt, nichts beweist. Das nennen wir Glauben: »ein Fürwahrhalten«, das nur »subjectiv zureichend« sei, schreibt Kant,[44] und das man deshalb nieman-

44 Immanuel Kant, *Kritik der reinen Vernunft*, Akademie-Ausgabe, Bd. IV, S. 689.

dem – weder theoretisch noch praktisch – aufzwingen dürfe.

Um es anders zu sagen, Gott ist weniger ein Begriff als ein Geheimnis, weniger eine Tatsache als eine Frage, weniger eine Erfahrung als eine Herausforderung, weniger ein Gedanke als eine Hoffnung. Er ist das, was wir voraussetzen müssen, um der Verzweiflung zu entgehen (diese Funktion haben bei Kant die Postulate der praktischen Vernunft), und daher ist die Hoffnung genauso wie der Glaube eine theologische Tugend – denn sie hat Gott selbst zum Objekt. »Das Gegenteil von Verzweifeln ist Glauben«, schreibt Kierkegaard: Gott ist das einzige Wesen, das unsere Hoffnung vollkommen erfüllen kann.

Dass dies abermals gar nichts beweist, müssen wir zu guter Letzt anerkennen: Die Hoffnung ist kein Argument, da die Wahrheit, wie Renan sagt, traurig sein könnte. Doch was taugen Argumente, die uns keine Hoffnung lassen?

Was wir hoffen? Dass die Liebe stärker ist als der Tod, wie es im *Hohelied* heißt, stärker als der Hass, stärker als die Gewalt, stärker als alles. Die allmächtige, alleinseligmachende Liebe wäre der einzige Gott, der absolut liebenswert, weil absolut liebend, wäre. Das ist der Gott der Heiligen und Mystiker: »Gott ist Liebe«, schreibt Bergson, »und er ist Liebesobjekt: Das ist die ganze Kunde des Mystizismus. Von dieser doppelten Liebe berichten die Mystiker, und ihre Beschreibung ist endlos, weil die zu beschreibende Sache unbeschreiblich ist. Aber was sie zum Ausdruck bringen, ist klar: dass die göttliche Liebe nicht die Liebe Gottes ist, sondern Gott selbst.«

Es ließe sich einwenden, dass dieser Gott weniger eine *Wahrheit* (Gegenstand der Erkenntnis) als ein Wert (Gegenstand des Verlangens) ist. Gewiss. Aber an ihn zu glauben heißt, zu glauben, dass dieser höchste Wert (die Liebe) auch die höchste Wahrheit (Gott) ist. Das lässt sich weder beweisen noch widerlegen. Aber es lässt sich denken, hoffen, glauben. Gott ist die Wahrheit, die Maßstäbe setzt – die Verbindung des Wahren und des Guten – und daher Maßstab für alle Wahrheiten. Auf dieser höchsten Ebene sind das Wünschenswerte und das Verständliche laut Aristoteles identisch, und diese *Identität* ist, wenn es sie denn gibt, Gott. Wie lässt sich besser sagen, dass er allein uns absolute Erfüllung und Tröstung bringen kann? »Nur ein Gott kann uns retten«, äußerte Heidegger in einem Gespräch. Folglich müssen wir daran glauben oder auf das Heil verzichten.

Deshalb, so wollen wir zum Schluss festhalten, macht Gott Sinn und stiftet Gott Sinn: zunächst, weil ohne ihn jeder Sinn an der Sinnlosigkeit des Todes scheitert; sodann, weil es Sinn nur für ein Subjekt gibt und absoluten Sinn daher nur für ein absolutes Subjekt. Gott ist der Sinn des Sinns und folglich das Gegenteil des Absurden oder der Verzweiflung.

Gibt es ihn? Wir können es nicht wissen. Gott wäre die Antwort auf die Frage nach dem Sein, auf die Frage nach dem Wahren, auf die Frage nach dem Guten, und diese drei Antworten – oder diese drei Personen – sind eins.

Aber das Sein antwortet nicht: Wir nennen es Welt.

Aber das Wahre antwortet nicht: Wir nennen es Denken.

Das Gute? Es antwortet noch nicht, und das nennen wir Hoffnung.

NEIN

Atheismus

Der Glaube macht selig: folglich lügt er.

Friedrich Nietzsche[45]

Der Atheismus ist ein philosophischer Gegenstand besonderer Art. Er ist ein Glaube, aber ein negativer. Ein Gedanke, aber einer, der von der Leere seines Gegenstands lebt.

Das wird hinlänglich durch die Etymologie belegt: dieses kleine Verneinungspräfix vor dem unermesslichen *theos* (Gott) … Atheist zu sein heißt, ohne Gott zu sein, entweder weil man sich damit zufriedengibt, an keinen zu glauben, oder weil man das Nichtvorhandensein von allem behauptet. In einer monotheistischen Welt wie der unseren können wir daher zwei verschiedene

45 *Der Antichrist, Werke in drei Bänden*. München, Hanser, 1954, Band 2, S. 1216.

Atheismen unterscheiden: nicht an Gott zu glauben (negativer Atheismus) oder zu glauben, dass Gott nicht existiert (positiver oder sogar militanter Atheismus). Abwesenheit des Glaubens oder Glaube an die Abwesenheit. Abwesenheit Gottes oder Negation Gottes.

Trotzdem sollten wir den Unterschied zwischen diesen beiden Atheismen nicht übermäßig betonen. Es handelt sich um eher zwei Strömungen als um zwei Ströme; um zwei Pole, aber in einem Kraftfeld. Jeder Ungläubige kann normalerweise zwischen den beiden Polen Fuß fassen, schwanken, wechseln. Deshalb ist er nicht weniger atheistisch. Wir glauben an Gott oder tun es nicht: Atheist ist jeder, der sich für die zweite Möglichkeit der Alternative entscheidet.

Und der Agnostiker? Er weigert sich zu wählen. Sehr verwandt mit dem, was ich den negativen Atheismus genannt habe, aber offener – sein besonderes Kennzeichen – für die Möglichkeit Gottes. Es handelt sich um eine Art metaphysischen Zentrismus oder religiösen Skeptizismus. Der Agnostiker ergreift nicht Partei. Er entscheidet sich nicht. Er ist weder gläubig noch ungläubig: Er lässt das Problem in der Schwebe. Dafür gibt es ausgezeichnete Gründe. Wozu sollen wir uns über Gottes Existenz auslassen, da wir doch nicht wissen, ob es ihn gibt (wüssten wir es, würde sich die Frage nicht mehr stellen)? Warum behaupten oder bestreiten, was wir nicht wissen? Auch hier ist die Etymologie erhellend. Das griechische Wort *agnostos* heißt »nicht erkennbar«. Der Agnostiker weiß nicht, ob es Gott gibt oder nicht, und hält sich an diese Unwissenheit. Wie könnte man ihm das vorwerfen? Seine Haltung scheint geprägt von Demut und Klugheit. Etwa in dem schönen Bekenntnis des Protagoras: »Von den Göttern vermag ich nichts festzustellen, weder, daß es sie gibt, noch daß es sie nicht gibt, noch was für eine Gestalt sie haben; denn vieles hindert ein Wissen hierüber: die Dunkelheit der Sache und die Kürze des menschlichen Lebens.«[46] Eine achtbare Einstellung selbstverständlich und eine, die den gesunden Menschenverstand zu verraten scheint. Sie führt uns vor Augen, dass sowohl der Gläubige wie der Atheist übertreiben: Beide sagen mehr, als sie wissen.

Doch genau das, was die Stärke des Agnostizismus ausmacht, ist auch der Grund für seine

46 *Die Vorsokratiker, Die Fragmente und Quellenberichte,* hg. von Wilhelm Capelle, Stuttgart, Kröner, S. 333.

Schwäche. Wenn Agnostiker sein einfach heißt, nicht zu wissen, ob es Gott gibt, müssten wir alle Agnostiker sein – da keiner von uns in dieser Frage Gewissheit hat. So gesehen ist der Agnostizismus weniger eine philosophische Haltung als eine Bedingung des Menschseins. Wenn du jemandem begegnest, der dir sagt: »Ich weiß, dass es Gott nicht gibt«, hast du es nicht mit einem Atheisten, sondern mit einem Trottel zu tun. Sagen wir, dass er ein Trottel ist, der seinen Unglauben für Wissen hält. Gleiches gilt, wenn du jemandem begegnest, der dir sagt: »Ich weiß, dass es Gott gibt«: Das ist ein Trottel, der gläubig ist. Es sei noch einmal mit Nachdruck gesagt – wir kennen die Wahrheit nicht. Glaube und Unglaube lassen sich nicht beweisen, das definiert sie: Wenn wir wissen, ist kein Raum mehr für Glauben oder Unglauben. So dass der Begriff des Agnostizismus – in der Sprache der Logiker – an Inhalt verliert, was er an Umfang gewinnt. Wenn die ganze Welt darunterfällt, wozu ihn dann noch für sich in Anspruch nehmen?

Der Agnostizismus wird philosophisch erst bedeutsam, wenn auch er über die bloße Feststellung seiner Unwissenheit hinausgeht – indem er feststellt, dass diese Feststellung ausreicht oder den anderen überlegen ist. Das heißt entscheiden, sich nicht zu entscheiden. Darin unterscheidet sich der Atheismus: Er ist eine Entscheidung, die negativ sein kann (nicht an Gott glauben) oder positiv (glauben, dass es Gott nicht gibt), die aber in jedem Fall eine Parteinahme, eine Festlegung, eine Antwort voraussetzt – und zwar dort, wo sich der Agnostizismus, was seine Größe und Grenzen ausmacht, an die Frage hält und sie offenlässt.

Der Agnostiker ergreift nicht Partei, ganz im Gegensatz zum Atheisten – der ergreift Partei gegen Gott oder vielmehr gegen dessen Existenz.

Warum? Es gibt keinen Beweis, und die Atheisten waren in diesem Punkt häufiger hellsichtiger als die Gläubigen. In der Geschichte des Atheismus findet man kaum etwas Entsprechendes zu den berühmten und vermeintlichen »Gottesbeweisen«. Wie lässt sich Nichtvorhandensein beweisen? Wer könnte beispielsweise beweisen, dass es den Weihnachtsmann nicht gibt? Dass es keine Geister gibt? Und erst recht, dass es Gott nicht gibt? Wie könnte unser Verstand beweisen, dass es nichts gibt, was ihn übertrifft? Wie könnte er das widerlegen, was seinem Wesen nach außerhalb seiner Reichweite liegt? Diese Unmöglichkeit ist allerdings kein Beleg für deine Dummheit, noch berechtigt es dich, auf das Denken zu verzichten. Es gibt keinen Beweis, wohl aber Argumente. Ich möchte, da ich Atheist bin, einige skizzieren.

Das erste ist sehr einfach und *ex negativo:* Einen guten Grund, Atheist zu sein, bieten zunächst einmal die schwachen Argumente der Gegenseite. Die Schwäche der »Beweise« natürlich, aber auch die Schwäche der Empirie. Wenn es Gott gäbe, müsste es deutlicher zu sehen und zu spüren sein! Warum sollte Gott sich so konsequent verbergen? Die Gläubigen antworten darauf in der Regel, er tue dies, um uns unsere Freiheit zu lassen: Würde Gott sich in seiner ganzen Herrlichkeit zeigen, stünde es uns nicht mehr frei, an ihn zu glauben oder nicht.

Diese Antwort befriedigt mich nicht. Zunächst einmal, weil wir unter dieser Bedingung freier wären als Gott (wie könnte er, der Arme, an seiner eigenen Existenz zweifeln?) oder als mehrere seiner Propheten (von denen angenommen wird, sie seien ihm leibhaftig begegnet), was sich philosophisch und theologisch schwer vorstellen lässt.

Sodann, weil im Unwissen stets weniger Freiheit liegt als im Wissen. Sollen wir etwa um der Freiheit unserer Kinder willen darauf verzichten, sie zu unterweisen? Alle Lehrer und Eltern setzen auf das Gegenteil: dass die Jugend umso freier sein wird, je mehr sie weiß! Unwissenheit ist immer frei, das Wissen niemals Knecht.

Schließlich und vor allem, weil das Argument mir unvereinbar mit dem heute vorherrschenden Bild vom Gottvater zu sein scheint. Dass ich die Freiheit meiner Kinder achte, ist natürlich wünschenswert. Aber ihre Freiheit besteht darin, dass sie mich lieben oder nicht, mir gehorchen oder nicht, mich achten oder nicht, was voraussetzt … dass sie zumindest von meiner Existenz wissen! Was für ein trauriger Vater wäre das, der sich um der Freiheit seiner Kinder willen weigerte, mit ihnen zu leben, sie zu begleiten oder sich auch nur zu erkennen zu geben! Die Offenbarung? Welcher Vater gäbe sich bei der Erziehung seiner Kinder mit Äußerungen zufrieden, die er an andere, seit Jahrhunderten verstorbene Personen richtete und die seinen Kindern nur durch mehrdeutige oder zweifelhafte Texte zugänglich wären? Welcher Vater verwiese seine Kinder auf die Lektüre seiner ausgewählten Werke oder der seiner Jünger (und welcher Werke denn? der Bibel?

des Korans? der Upanischaden?), statt direkt mit ihnen zu sprechen und sie an sein Herz zu drücken? Ein merkwürdiger Vater, ein merkwürdiger Gott! Und welcher Vater wäre grausamer als derjenige, der sich auch dann noch verbergen würde, wenn seine Kinder litten? Was ist das für ein Vater, der sich in Auschwitz verbirgt oder in Ruanda, der sich verbirgt, wenn seine Kinder leiden oder Angst haben? Der verborgene Gott Pascals oder Jesajas wäre ein schlechter Vater. Wie sollten wir ihn lieben? Wie sollten wir an ihn glauben? Der Atheismus schlägt eine glaubhaftere These vor. Wenn Gott nicht zu sehen ist und wenn wir nicht verstehen können, warum er sich verbirgt, dann liegt das vielleicht ganz einfach daran, dass es ihn nicht gibt.

Das zweite Argument ist ebenfalls *ex negativo*, aber in diesem Fall weniger empirisch, wenn ich so sagen darf, als theoretisch. Auf dem Gebiet des Denkens ist der größte Vorzug Gottes, dass er die Welt, das Leben, das Denken selbst erklärt. Doch was taugt diese Erklärung, da doch Gott, wenn es ihn gibt, definitionsgemäß unerklärlich ist? Dass die Religion ein möglicher Glaube ist, will ich nicht in Abrede stellen. Dass sie achtenswert ist, bedarf keiner Erwähnung. Mir geht es hier jedoch um ihren gedanklichen Gehalt. Was ist eine Religion denn anderes als eine Lehre, die etwas, was wir nicht verstehen (das Vorhandensein des Universums, des Lebens, des Denkens …), durch etwas erklärt, was wir noch weniger verstehen (Gott)? Was kann diese Erklärung, rational betrachtet, wert sein? Das ist ein »Zufluchtsort der Ungewissheit«, wie Spinoza sagt,[47] und ich fürchte, das gilt auch für seinen Gott. »Gott, anders formuliert, eine Substanz, die aus unendlich vielen Attributen besteht, von denen jedes eine ewige und unendliche Essenz ausdrückt, existiert notwendigerweise.« Das lesen wir in der *Ethik.*[48] Doch was wissen wir über diesen Gott und seine unendlich vielen unendlichen Attribute? Nichts, abgesehen vielleicht von dem, was uns gleicht oder durchdringt (die Ausdehnung, das Denken), was aber noch keinen Gott ausmacht. Warum dann aber an ihn glauben? Die rechte Antwort darauf weiß Freud: »Die Unwissenheit ist die Unwissenheit; kein Recht zu glauben leitet sich

47 Baruch de Spinoza, *Ethik in geometrischer Ordnung dargestellt,* Werke in drei Bänden, Bd. 1, Hamburg, Meiner, 2006, S. 47.
48 a. a. O., S. 13 f.

aus ihr ab.«[49] Oder anders gesagt, wir haben ein Recht auf den Glauben, nur kann er das Wissen nicht ersetzen. Skeptizismus ist gefragt. Die Unwissenheit kann keinen wie auch immer gearteten Glauben rechtfertigen, so wenig wie die Vernunft, wenn es um Gott geht, die Unwissenheit vertreiben kann.

Doch wer durch Gott irgendetwas (oder gar alles) erklären will, der erklärt gar nichts, sondern ersetzt eine Unwissenheit durch eine andere. Was soll das bringen?

»Ich bin kein Atheist«, erklärte mir ein Freund, »ich glaube, es gibt ein Geheimnis …« Was soll das? Gibt es kein Geheimnis für den Atheisten? Muss der Atheist so tun, als wüsste er alles, verstünde alles, könnte alles erklären? Das wäre kein Atheismus mehr, sondern Szientismus, Blindheit, Dummheit. Selbst wenn wir alles im Universum erklären könnten – und wir sind weit davon entfernt –, müssten wir noch immer das Universum selbst erklären, und das können wir nicht. Was bleibt, ist Urteilen, Handeln, Lieben, Leben, wozu keine Wissenschaft taugt. Atheist zu sein

49 Sigmund Freud, »Die Zukunft einer Illusion«, *Gesammelte Werke*, Bd. 14, Frankfurt, Fischer, 1968, S. 355.

entbindet uns nicht davon, intelligent und klug zu sein. Das unterscheidet den Atheismus von der Wissenschaftsgläubigkeit, die ein engstirniger Atheismus ist. Szientismus ist Wissenschaftsreligion: Er ist nicht das Wesen des Atheismus, Materialismus oder Rationalismus, sondern deren dogmatische und religiöse Versteinerung. Sagen wir, es ist die Religion der Ungläubigen: Dieses Freidenkertum ist fast immer das Gegenteil eines freien Denkens!

Dass die Wissenschaften nicht alles erklären, dass die Vernunft nicht alles erklärt, liegt auf der Hand. Es gibt Unbekanntes, Unverständliches, Geheimnisvolles, und das wird immer so sein. Die Wissenschaftler haben gewiss unrecht, es zu leugnen. Doch mit welchem Recht wollen sich die Gläubigen dieses Geheimnisses bemächtigen, es für sich in Anspruch nehmen, es zu ihrem Spezialgebiet erklären? Dass es Geheimnisse gibt, setzt weder die Religion ins Recht noch die Vernunft ins Unrecht! Es setzt den Dogmatismus, jeden Dogmatismus, gleich ob religiös oder rationalistisch, ins Unrecht. Vor allem setzt es die Religionen ins Unrecht, weil die nur von ihren Dogmen leben. Ein Gelehrter braucht seine Wissenschaft nicht anzubeten. Aber was wäre das für ein Gläubiger, der seinen Gott nicht anbetete?

Atheist zu sein heißt nicht, das Geheimnis abzulehnen, sondern abzulehnen, sich seiner zu entledigen oder es auf allzu billige Weise – durch einen Akt des Glaubens oder der Unterwerfung – aufzuheben. Das heißt beileibe nicht, alles erklären zu können, sondern sich zu weigern, alles durch das Unerklärbare zu erklären.

Wer dagegen an Gott glaubt, vermehrt das Geheimnis der Welt nicht, sondern gibt ihm einen Namen (mag er auch unaussprechlich sein) und macht aus ihm eine simple Macht- oder Familieninstanz, mit der man sich verbündet und die man liebt … Der allmächtige Gott, der schöpferische Gott, der richtende und barmherzige Gott – »Vater unser, der du bist im Himmel …« Das erklärt alles, aber durch etwas, was sich nicht erklären lässt. Das erklärt also gar nichts; das verlagert das Geheimnis nur – wie fast immer – in Richtung des Anthropomorphismus. »Am Anfang schuf Gott Himmel und Erde, dann den Menschen nach seinem Bilde …« Da wird das Universum, das uns enthält, durch etwas erklärt, das uns ähnelt, oder durch jemanden, dem wir ähneln. »Wenn Gott uns nach seinem Bilde schuf«, schreibt Voltaire, »haben wir es ihm kräftig heimgezahlt.« Was wäre psychologisch verständlicher? Was philosophisch fragwürdiger? Das Universum ist geheimnisvoller als die Bibel oder der Koran. Wie könnten die Bücher, die der Kosmos enthält, ihn erklären?

Die kleinste Blume ist ein unergründliches Geheimnis. Aber warum sollte das Geheimnis durch den Glauben zu lüften sein?

Das Wesentliche ist uns unbekannt. Aber warum sollte das Unbekannte Gott sein?

Die drei anderen Argumente sind eher positiv. Das erste ist das trivialste und stärkste zugleich: Es ist das Argument des Bösen. Es gibt so viel Greuel, so viel Leiden, so viel Ungerechtigkeit in der Welt, dass man kaum glauben mag, sie sei von einem absolut guten und allmächtigen Gott geschaffen worden.

Wir kennen die Aporie seit Epikur oder Lactantius: Entweder will Gott das Böse aus der Welt schaffen und vermag es nicht, oder er ist nicht allmächtig; oder aber er könnte es und will es nicht, dann ist er nicht vollkommen gut. Doch wenn er auch nur eins von beiden nicht ist (und erst recht, wenn er weder das eine noch das andere ist: wenn er das Böse weder aus der Welt schaffen will noch kann), ist er dann noch ein Gott? Das ist das Problem jeder Theodizee, wie Leibniz weiß: »Wenn es Gott gibt, woher kommt das Böse? Doch woher kommt das Gute, wenn es ihn nicht gibt?«

Doch das Böse ist ein stärkerer Einwand gegen den Glauben als das Gute gegen den Atheismus. Denn es ist offensichtlicher, unbegrenzter, hartnäckiger. Ein Kind lacht? Wir brauchen wohl kaum einen Gott, um es zu erklären. Wie aber, wenn ein Kind stirbt, wenn ein Kind schrecklich leidet? Wer würde dann wagen, vor diesem Kind, vor seiner Mutter, die Herrlichkeit Gottes und die Wunder seiner Schöpfung zu preisen? Und wie viele Kinder müssen jeden Augenblick auf dieser Welt schreckliches Leid erdulden?

Die Gläubigen werden antworten, dass für diese Schrecken oft genug der Mensch selbst verantwortlich sei. Gewiss. Aber er ist nicht die Ursache aller Dinge noch seiner selbst. Die Freiheit erklärt nicht alles. Die Sünde erklärt nicht alles. Man denke an Diderots bissiges Scherzwort: »Der Gott der Christen ist ein Vater, der viel Aufhebens von seinen Äpfeln und sehr wenig Aufhebens von seinen Kindern macht.« Das gilt auch für den Gott der Juden oder Muslime. Das gilt für jeden angeblich liebenden und barmherzigen Gott – wie sonst wäre er Gott? Noch einmal: Warum sollten wir von ihm hinnehmen, was wir von keinem Vater dulden würden? Ich musste einmal mehrere Stunden auf der Kinderstation eines großen Pariser Krankenhauses verbringen. Da bekommt man eine hohe Meinung vom Menschen und eine ziemlich schlechte von Gott, wenn es ihn denn gibt. »Das Leiden der Kinder«, schrieb Marcel Conche völlig zu Recht, »ist ein entsetzliches Übel«, das ausreicht, um jede Theodizee zu widerlegen. Wie viele Greuel, die kein Verstoß erklären oder rechtfertigen könnte? Wie viel Leid noch vor der ersten Sünde? Wie viele Schrecken, noch bevor es Menschen gab? Wer ist dieser Gott, der die Gazellen den Tigern und die Kinder dem Krebs ausliefert?

Das zweite Argument ist subjektiver, und entsprechend will ich es auch vortragen. Ich habe keine so hohe Meinung von der Menschheit im Allgemeinen und mir selbst im Besonderen, um mir vorzustellen, dass uns ein Gott erschaffen haben könnte. Das wäre eine gewaltige Ursache für eine kleine Wirkung! Überall zu viel Mittelmäßigkeit, zu viel Niedertracht, zu viel *Elend,* wie Pascal sagt, und zu wenig Größe.

Nicht dass es angebracht wäre, ins gleiche Horn zu stoßen. Alle Misanthropie ist ungerecht: Damit unterschlägt man die Helden und die rechtschaffenen Menschen und gibt törichterweise den bösen und feigen recht. Doch schließlich haben auch die Helden ihre kleinen Eigenheiten, die sie menschlich machen, und die rechtschaffenen Leute ihre Schwächen. Weder die einen noch die anderen brauchen einen Gott, um zu existieren oder vorstellbar zu sein. Mut genügt, Freundlichkeit genügt, Menschlichkeit genügt. Und was für einen Gott brauchen wir umgekehrt, um das unendliche Maß an Hass, Gewalt, Feigheit, Dummheit zu rechtfertigen? Von den Ungeheuern und Schurken wollen wir gar nicht reden. Schon die einfache Selbsterkenntnis genügt, wie Bergson erkannt hat, um den Menschen eher zu bedauern oder zu verachten, als ihn zu bewundern. Zu viel Egoismus, Eitelkeit, Furcht. Zu wenig Mut und Großzügigkeit. Zu viel Eigenliebe, zu wenig Liebe. Die Menschheit ist eine höchst lächerliche Schöpfung. Wie hätte ein Gott *das* wollen können?

Es ist eine Portion Narzissmus in der Religion, in jeder Religion (wenn Gott mich geschaffen hat, dann war ich ihm wohl der Mühe wert!). Wer an Gott glaubt, lässt sich einen gewissen Hochmut zuschulden kommen.

Der Atheismus dagegen ist eine Form der Demut. Der Atheist begreift sich als Tier – das wir ja alle sind – und sieht es als seine Aufgabe an, Mensch zu *werden.* Man könnte sagen, diese *Aufgabe* hätte Gott uns aufgetragen, um seine Schöpfung nach Maßgabe unserer Möglichkeiten fortzusetzen. Vielleicht. Doch unsere Möglichkeiten sind zu begrenzt, als dass mich die Antwort befriedigen könnte. Für das bescheidene Ergebnis, das wir sind, scheint mir die Natur eine plausiblere Ursache zu sein.

Das dritte positive Argument ist in gewisser Weise paradox. Wenn ich nicht an Gott glaube, so liegt das auch und vor allem daran, dass es mir lieber wäre, es würde ihn geben. Das ist Pascals Wette, wenn man so will, nur umgekehrt. Es geht nicht darum, möglichst vorteilhaft zu denken – das Denken ist weder ein Geschäft noch eine Lotterie –, sondern möglichst plausibel. Nun scheint mir Gott aber umso weniger *plausibel* zu sein, je *wünschenswerter* er ist: Er entspricht in so hohem Maße unseren tiefsten Wünschen, dass wir allen Grund haben, uns zu fragen, ob wir ihn nicht deshalb erfunden haben.

Was wünschen wir uns vor allem? Nicht zu sterben, die geliebten Menschen wiederzufinden, die wir verloren haben, geliebt zu werden … Und was sagt uns die Religion, beispielsweise die christliche? Dass wir nicht sterben werden, nicht wirklich jedenfalls, oder auferstehen werden; dass wir infolgedessen die geliebten Menschen wiederfinden werden, die wir verloren haben; und schließlich, dass wir schon jetzt von einer unendlichen Liebe umfangen sind … Was wollen wir mehr? Nichts natürlich, und genau das macht die Religion so unwahrscheinlich! Welches Wunder sollte die Wirklichkeit dazu bringen, unseren Wünschen ganz gegen ihre Gewohnheit so sehr zu entsprechen? Das beweist nicht, dass Gott nicht existiert – schließlich ist er definitionsgemäß derjenige, der Wunder geschehen lässt –, aber es wirft doch die Frage auf, ob Gott nicht zu schön ist, um wahr zu sein, ob an ihn zu glauben nicht heißt, unsere Wünsche mit der Wirklichkeit zu verwechseln. Kurzum, die Religion ist nicht einfach eine Illusion in dem Sinne, den Freud diesem Begriff gibt: nicht einfach ein Irrtum (es könnte ja sein, dass es Gott gibt), doch der Glaube bleibt eine »Ableitung aus menschlichen Wünschen«. Das schwächt ihn, ohne ihn zu widerlegen. »Wir sagen uns«, schreibt Freud, »es wäre ja sehr schön, wenn es einen Gott gäbe als Weltenschöpfer und eine gütige Vorsehung, eine sittliche Weltordnung und ein jenseitiges Leben, aber es ist doch sehr auffällig, daß dies alles so ist, wie wir es uns wünschen müssen.«[50] An Gott zu glauben heißt, an den Weihnachtsmann zu glauben, aber einen von tausendfacher Potenz oder vielmehr grenzenloser Macht. Heißt, sich einen tröstlichen Ersatzvater zuzulegen, der das wahre Gesetz, die wahre Liebe, die wahre Macht ist, der es schließlich auf sich nimmt, uns zu lieben, wie wir sind, uns Erfüllung zu schenken, uns zu erlösen. Dass man sich all das wünschen kann, verstehe ich nur zu gut. Aber warum sollte man daran glauben? »Der Glaube macht selig«, sagt Nietzsche, »folglich lügt er.« Sagen wir, er kommt uns zu gelegen, um nicht verdächtig zu sein.

Stell dir vor, ich sage dir: »Ich möchte in Paris eine Sechs-Zimmer-Wohnung kaufen, hinter dem Luxembourg, mit unverbaubarem Blick auf den Park. Dafür möchte ich nicht mehr als hunderttausend Euro ausgeben; aber ich bin zuversichtlich, ich glaube daran!« Du würdest vermut-

50 Sigmund Freud, »Die Zukunft einer Illusion«, *Gesammelte Werke,* Bd. 14, Frankfurt, Fischer, 1968, S. 347.

lich denken: »Er macht sich Illusionen; er verwechselt seinen Wunsch mit der Wirklichkeit.« Und du hättest natürlich recht (obwohl das, strenggenommen, nichts beweist: Wer weiß, ob ich nicht einen verrückten Anbieter fände?). Und wenn man dir sagt, dass es einen Gott gibt, dass wir auferstehen werden und so fort, findest du das nicht unwahrscheinlicher als eine Sechs-Zimmer-Wohnung hinter dem Luxembourg für weniger als hunderttausend Euro? In dem Fall hast du eine geringe Meinung von Gott oder eine sehr hohe vom Immobilienhändler.

Dagegen ist die Position des Atheisten umso stärker, als es ihm in der Regel lieber wäre, unrecht zu haben. Das beweist nicht, dass er recht hat, macht ihn aber weniger verdächtig, nur – wie so viele – zu denken, um sich zu trösten oder zu beruhigen.

Das soll genügen. Jeder möge sich selbst ein Urteil über die Stärken und Grenzen dieser Argumente bilden. Dass es Gott gibt, ist eine Möglichkeit, die sich rational nicht ausschließen lässt. Das macht aus dem Atheismus, was er ist: kein Wissen, es sei noch einmal gesagt, sondern einen Glauben, keine Gewissheit, sondern eine Wette.

Das ist zugleich ein Aspekt, der uns zur Toleranz anhalten sollte. Atheisten und Gläubige unterscheiden sich nur durch das, was sie nicht wissen. Warum sollte das stärker zu Buche schlagen als das, was sie wissen: eine gewisse Erfahrung des Lebens, der Liebe, des leidenden und, trotz seines Elends, würdevollen Menschseins, des leidenden und mutigen Menschseins? Ich nenne das Bekenntnis; es sollte uns alle vereinen, die wir sonst Gefahr liefen, durch unseren Glauben beziehungsweise Unglauben in Widerstreit zu geraten. Es wäre Wahnsinn, uns wegen Dingen, die wir nicht wissen, gegenseitig umzubringen. Wir sollten lieber gemeinsam für das kämpfen, was wir kennen und anerkennen: ein gewisses Bild vom Menschen und der Zivilisation, eine gewisse Art, wie wir die Welt und das Geheimnis bewohnen (warum gibt es etwas und nicht einfach nichts?), eine gewisse Erfahrung der Liebe und des Mitgefühls, einen gewissen geistigen Anspruch … Das kann man Humanismus nennen, und das ist keine Religion, sondern eine Moral. Das Bekenntnis zum Menschen und dem Menschsein des Menschen. Das ersetzt keinen Gott. Das beseitigt keinen Gott. Doch keine Religion und kein Atheismus wären ohne dieses Bekenntnis menschlich akzeptabel.

sempé.

Kunst

Weit entfernt also, bloßer Schein zu sein, ist den Erscheinungen der Kunst der gewöhnlichen Wirklichkeit gegenüber die höhere Realität und das wahrhaftigere Dasein zuzuschreiben.

Georg Wilhelm Friedrich Hegel[51]

Die Kunst ist eine Besonderheit des Menschen. Weder das Nest noch der Gesang des Vogels sind Kunstwerke, so wenig wie das Nest oder der Schwänzeltanz der Bienen. Schönheit ist nicht das Kriterium. Welcher gegenständliche Maler würde behaupten, dass seine Werke schöner sind als die Werke der Natur, die er bloß nachahmt? Welcher abstrakte Maler könnte den Himmel oder das Meer übertreffen? Welcher Bildhauer das Leben oder die Lüfte? Und wie viele Musiker

51 *Vorlesungen über die Ästhetik*, Teil I und II, Stuttgart, Reclam, 1971, S. 47.

könnten uns wohl mehr Entzücken bereiten als die erstbeste Nachtigall?

Schönheit gehört zu den zumindest möglichen Zielen der Kunst; doch sie reicht nicht hin, um diese zu definieren. Auch die Natur ist schön, sogar schöner noch. Wenn nur der Mensch zur Kunst fähig ist, so ist er das nicht in erster Linie als Handwerker (auch ein Affe kann ein Werkzeug herstellen) noch als Ästhet (wer weiß, ob die Pfauhenne beim Anblick des Pfauenrads nicht auch eine Art ästhetisches Vergnügen empfindet?), noch durch die Vereinigung der beiden Qualitäten. Weder ist ein Kunstwerk nur das schöne Produkt einer Tätigkeit noch jedes schöne Produkt ein Kunstwerk. Es bedarf einer weiteren Eigenschaft, die die Natur ohne den Menschen nicht enthält und die sicherlich kein Tier wahrnimmt. Welcher? Des Menschseins selbst, insofern es nach der Welt und sich selbst fragt, insofern es eine Wahrheit oder einen Sinn sucht, insofern es forscht und deutet, insofern es Geist ist, wenn man so will, insofern es sich das, was ihm die Natur darbietet, nur vorstellen kann, insofern es sich in sie, auf sie projiziert, insofern es versucht, sich dort »wiederzufinden«, wie Hegel sagt, was stets voraussetzt – da die Natur weder fragt noch antwortet –, dass es sie verwandelt oder wiedererschafft. Das geht auch ohne Kunst. Aber die Kunst macht es intensiver und besser. Weil der Verstand dort von seinen üblichen Zielen – der Nützlichkeit, der Macht, der Effizienz – weniger abgelenkt ist. Weil der Künstler, selbst wenn er die Welt nur nachahmen will, kein anderes Modell hat als sich selbst als Nachahmender – denn die Welt ahmt sich nie selbst nach. Wäre es mit dem Schauen getan, wäre Malen einfacher. Doch wäre das Kunst? Und was für ein Modell gäbe es in der Musik, wenn nicht das im Werden begriffene Werk selbst, wenn nicht eine gewisse Vorstellung, die sich der Künstler von ihm macht? Denken wir an Rembrandt oder Mozart. Da finden wir Schönheit, die nicht von dieser Welt ist. Wahrheit, die nicht von dieser Welt ist. Beide sind nur von dieser Welt, weil sie zunächst einmal von Mozart oder Rembrandt sind. »Die Naturdinge sind nur unmittelbar und einmal«, schreibt Hegel, »doch der Mensch als Geist verdoppelt sich, indem er zunächst wie die Naturdinge ist, sodann aber ebenso für sich ist.«[52] Deshalb braucht er die

52 Georg Wilhelm Friedrich Hegel, *Ästhetik*, hg. v. Friedrich Bassenge, 2 Bde., Berlin, Aufbau, 1965, Bd. 1, S. 75.

Kunst: um auszudrücken, was er ist, und darin so etwas wie ein Abbild seiner selbst wiederzufinden. Hierzu hat niemand Zugang, dem die Welt ohne den Menschen genügt.

In der Kunst betrachtet sich der Mensch als Betrachtender, fragt er sich als Fragender, erkennt er sich als Erkennender. Diese Reflexivität – allerdings konkretisiert und affektiv – ist die Kunst selbst. »Alle Künste sind wie Spiegel«, sagt Alain, »in denen der Mensch etwas von sich erkennt oder wiedererkennt, was er noch nicht wusste.« Ganz gewiss. Jedoch keineswegs, weil der Mensch in der Kunst nur sich selbst betrachtete. Sondern vielmehr, weil er nichts betrachten kann – es sei denn, er verlöre sich völlig darin –, ohne sich in seinem Betrachten sogleich selbst zu erkennen. Die Welt ist der eigentliche Spiegel, in dem der Mensch sich sucht. Die Kunst ist nur das Spiegelbild, in dem er sich findet.

Gilt es also, die Natur nachzuahmen? Das ist nur eine Möglichkeit unter anderen. Es ist das alte Problem, mit dem sich schon die Griechen herumschlugen: Die Mimesis (die Nachahmung) ist, so erhellend sie auch sein mag, zugleich partiell und reduktionistisch: Sie kann weder für jede Kunst noch für die ganze Kunst gelten. Die

Nachahmung spielt kaum eine Rolle in der Musik oder der Architektur. Ein großer Teil der zeitgenössischen Malerei und Bildhauerei ist davon ausgenommen. Und was sagt uns ein Maler, Romancier oder Filmemacher, wenn er die Wirklichkeit nachahmt, ohne uns etwas Neues, Angenehmes oder Bewegendes zu vermitteln? Ein Kunstwerk sei, so Kant, nicht die Darstellung einer schönen Sache, sondern die schöne Darstellung einer Sache. Schaut euch die Schuhe von van Gogh, den Rochen von Chardin oder die Schwarzen Gemälde von Goya an … Es geht nicht darum, das Schöne nachzuahmen, dessen bedarf es nicht, sondern es zu preisen, wenn es vorhanden ist, es zu schaffen oder zu enthüllen, wenn es fehlt beziehungsweise nicht zu bemerken ist. Das führt uns heute die Fotografie vor Augen. Die einfachste Aufnahme liefert uns eine korrekte Nachahmung. Doch wie viele Aufnahmen sind künstlerisch? Wie viele wirken durch sich selbst? Häufig ist die Nachahmung ein Mittel oder ein Anspruch der Kunst. Doch sie ist nur ein Mittel, kein Zweck. Nur ein Anspruch unter anderen, häufig belebend, gewiss, manchmal nützlich, aber nicht immer notwendig und niemals hinreichend. Das Schöne nachahmen? Das ist Postkartenästhetik. Der Künstler erschafft, er ahmt nicht nach.

Kant bringt uns dem Geheimnis näher. »Schöne Kunst ist Kunst des Genies«,[53] schreibt er. Doch was ist das Genie? »Die angeborene Gemüthslage (ingenium), durch welche die Natur der Kunst die Regel giebt.«[54] Es spielt keine Rolle, ob dieses schöpferische Vermögen angeboren ist, wie Kant meint, oder erworben – wahrscheinlich ist es beides. Wichtig ist nur, und das gibt Kant recht, dass dieses Talent der Kunst Regeln gibt, indem es hervorbringt, »wozu sich keine bestimmte Regel geben läßt«.[55] Genie ist das Gegenteil einer Gebrauchsanweisung und doch dasjenige, was diese ersetzt. Es lässt sich auf keine irgendwie geartete Regel zurückführen (das unterscheidet die Kunst von der Technik und das Genie vom Know-how), liefert solche aber – mögen sie auch immer implizit und rätselhaft bleiben – dem Künstler und seinen Nachfolgern. Das Genie in der Kunst ist das, was nicht lernt, sondern lehrt. Was nicht nachahmt, son-

53 Immanuel Kant, *Kritik der Urtheilskraft*, Akademie-Ausgabe, Bd. 5, S. 307.

54 ebend.

55 ebend.

dern nachgeahmt wird. Daher lernt man, wie Malraux sagt, »das Malen in den Museen«: Weil man, indem man die Meister bewundert und nachahmt, vielleicht die Möglichkeit bekommt, selbst einer zu werden.

Das Paradoxon des Genies liegt darin, zugleich original und exemplarisch zu sein. Original, weil es sich nicht auf irgendeine Regel, Nachahmung oder Kenntnis zurückführen lässt. Aber auch exemplarisch, weil Originalität nicht ausreicht (»da es auch originalen Unsinn geben kann«,[56] wie Kant erläutert, womit er einen Teil der Kunst unseres Jahrhunderts ankündigt), da das Genie auch als Vorbild oder Bezugspunkt dienen kann, was voraussetze, dass seine Werke, so fährt Kant fort, »selbst nicht durch Nachahmung entsprungen, anderen doch dazu, d.i. zum Richtmaße oder Regel der Beurtheilung, dienen müssen.«[57] Man kann in der Kunst wie in allem etwas Beliebiges tun. Aber etwas Beliebiges zu tun ist keine Kunst. Es gibt mittelmäßige Künstler, die sind jedoch nicht wichtig. Nur das Genie schafft Gesetze: Die Kunst gibt sich wahrhaft nur in ihren

56 Immanuel Kant, *Kritik der Urtheilskraft*, Akademie-Ausgabe, Bd. 5, S. 308.
57 ebend.

Ausnahmen zu erkennen, die ihre einzige Regel sind.

Den großen Künstlern gelingt es, die Einsamkeit mit der Universalität zu verbinden, die Subjektivität mit der Objektivität, die Spontaneität mit der Disziplin, und darin liegt vielleicht das eigentliche Wunder der Kunst, das sie von der Technik wie der Wissenschaft unterscheidet. In allen Kulturen, die den Bogen verwendeten, lag der Schwerpunkt der Pfeile in der Regel bei zwei Dritteln ihrer Länge. Diese technische Konvergenz sagt, so bemerkenswert sie ist, wenig über die Menschheit – von deren Intelligenz abgesehen – und noch weniger über die betreffenden Individuen aus: Sie verdankt alles der Welt und deren Gesetzen. Das ist *Erfindung*, nicht *Schöpfung*, und dabei spielt es kaum eine Rolle, was erfunden wird. Auch ohne die Gebrüder Lumière hätten wir sicherlich irgendwann das Kino gehabt. Doch ohne Godard niemals Filme wie *Außer Atem* oder *Elf Uhr nachts.* Ohne Gutenberg hätten wir früher oder später den Buchdruck gehabt. Ohne Villon nicht einen einzigen Vers der *Ballade der Gehängten*. Dank der Erfinder gewinnen wir Zeit. Dank der Künstler verlieren und retten wir sie.

Das gilt auch für die Wissenschaften. Stellt euch vor, Newton oder Einstein wären bei der Geburt gestorben. Das hätte die Wissenschaftsgeschichte sicherlich verändert, aber mehr in ihrem Rhythmus als in ihrem Inhalt, mehr in ihren Anekdoten als in ihrer Ausrichtung. Weder das allgemeine Gravitationsgesetz noch die Äquivalenz von Masse und Energie wären uns dadurch entgangen: Irgendwann hätte sie ein anderer entdeckt, deshalb handelt es sich auch da um Entdeckungen und nicht um Schöpfungen. Doch hätte es Shakespeare nicht gegeben, hätten Michelangelo und Cézanne nicht gelebt, hätten wir ihre Werke nicht und nichts, was diese ersetzen könnte. Nicht nur Rhythmus, Personen und anekdotischer Gang der Kunstgeschichte wären anders, sondern auch ihr wesentlicher Inhalt und teilweise sogar ihre Ausrichtung. Entfernen wir Bach, Haydn und Beethoven aus der Musikgeschichte: Wer kann sagen, was ohne sie aus der Musik geworden wäre? Was hätte Mozart ohne Haydn gemacht? Schubert ohne Beethoven? Alle ohne Bach? Es sind die Genies, die die Kunst voranbringen, die sie konstituieren; sie sind im Nachhinein so wenig zu ersetzen wie im Vorhinein vorherzusehen. Nebenbei bemerkt, das Gleiche ließe sich von der Philosophie sagen. Ohne Platon und Descartes, ohne Kant und Nietzsche hätte sie wohl eine abweichende Entwicklung genommen und sähe heute ganz anders aus. Was hinreichend beweist, dass sie keine Wissenschaft ist. Aber ist sie deshalb auch eine Kunst? Das ist eine Definitionsfrage. Aber sie ist es zumindest insofern, als sie nicht vorhanden wäre – oder nur in ganz anderer Form –, hätte es nicht eine Anzahl Genies gegeben, die einzigartig, das heißt, wie in der Kunst, original und exemplarisch waren: Sie sind es, die uns als Richtmaß oder Regel dienen, wie Kant sagen würde, um zu beurteilen, was uns ein philosophisches Werk bieten kann und muss. Das ist gewissermaßen die Kunst der Vernunft, die die zumindest mögliche Wahrheit mit hinreichender Schönheit ausstattet.

Doch kommen wir auf die Künste im engeren Sinn zurück. Traditionell unterscheidet man sechs, wobei sie nicht immer einheitlich bezeichnet werden (heute üblich sind: Malerei, Bildhauerei, Architektur, Musik, Tanz, Literatur), wozu man schon lange eine »siebte Kunst« zählt, den Film, und manchmal noch eine achte, den Comic. Was haben sie gemeinsam? Zunächst einmal jene bereits erwähnte Subjektivität, dank der das Genie die Ebene des Allgemeinen erreichen kann. Es gilt, »das Unersetzliche unseres Lebens« auszudrücken, wie Luc Ferry sagt, und dazu tragen alle Künste bei. Ihnen allen gemeinsam ist aber auch die angenehme Empfindung, die sie uns bereiten, unabhängig von Besitz oder möglichem Nutzen. Wer muss einen Vermeer besitzen, um sich an ihm zu erfreuen, von ihm angerührt zu werden? Wer erwartet von Mozart etwas anderes als das Vergnügen – so aufwühlend es sein mag –, ihn zu hören? Das interesselose Vergnügen ist das, was wir mit dem verschwommenen Begriff »Schönheit« bezeichnen. Schönheit ist nicht das Wesen der Kunst. Aber was wäre die Kunst ohne sie?

Schön sei, so Kant, was ohne Begriffe als Objekt eines allgemeinen und notwendigen Wohlgefallens – »ohne alles Interesse« – vorgestellt werde (wir haben das Gefühl, dass alle eigentlich schön finden müssen, was wir faktisch so beurteilen) und worin sich eine gewisse Form der Zweckmäßigkeit manifestiere, die ohne Vorstellung eines Zweckes wahrgenommen werde (wir ahnen eine Zweckmäßigkeit in einer Blume oder einem Kunstwerk – beides erscheint uns jedoch umso schöner, als kein äußerlicher Zweck darin erkennbar ist). Für mich, der ich kein Kantianer bin, ist an diesen Überlegungen vor allem interessant, dass es keine Schönheit ohne Vergnügen gibt, und das ist für mich eine hinreichende Zweckmäßigkeit. Das ist der Geist Poussins: »Der Zweck der Kunst ist der Genuss.« Der Geist Molières: »Die einzige Regel lautet, zu gefallen.« Der Geist schlechthin, der sich an dem erfreut, was ihm gefällt. An dem, was er liebt, oder an dem, was er erkennt? Das eine wie das andere macht die Kunst so wertvoll. Sie hilft uns, die Wahrheit zu lieben und deren Schönheit sichtbar zu machen – selbst wenn der beschworene Gegenstand hässlich oder banal ist. Zwei Äpfel, eine Zwiebel, ein Paar alter Schuhe ... Oder auch einige Noten, ein paar Worte ... Und plötzlich ist es, als wäre das Absolute da, an der Wand hängend, in der Stille Schweigen, als strahle es in seiner Herrlichkeit, seiner Ewigkeit, seiner endlich und auf immer enthüllten Wahrheit ... »Das wahre Leben«, schreibt Proust, »das endlich entdeckte und aufgehellte, das einzige infolgedessen von uns wahrhaft gelebte Leben, ist die Literatur.«[58] Was nicht heißen soll, dass die Bü-

58 Marcel Proust, *Auf der Suche nach der verlorenen Zeit*, Bd. 13, Frankfurt, Suhrkamp, 1964, S. 308.

cher mehr wert sind als das Leben oder dass Schriftsteller intensiver leben als andere Menschen, sondern umgekehrt, dass die Literatur, wie alle Kunst, uns hilft, dieses wahre Leben wahrzunehmen und zu bewohnen, das »jederzeit allen Menschen so gut wie dem Künstler innewohnt«,[59] wie abermals Proust schreibt. Nur dass die meisten es nicht sehen – aus Mangel an Aufmerksamkeit, Mangel an Talent, wenn nicht ein Künstler es dank seiner Besonderheit enthüllt. Die Schönheit reicht nicht aus. Und noch weniger die Hässlichkeit oder die Illusion. Wir brauchen das Schöne, wir brauchen das Wahre, aber mehr noch ihre Begegnung, ihr Verschmelzen, ihre Einheit, und deshalb brauchen wir Künstler: nicht um die Wahrheit zu beschönigen, das wäre nur Kunstfertigkeit oder Dekoration, sondern um die ihr innewohnende Schönheit zu enthüllen, um uns zu lehren, sie zu sehen, uns an ihr zu freuen – sie zu lieben. Es geht nicht darum, etwas Hübsches oder Ähnliches zu machen. Es geht darum zu lieben, ohne zu lügen – man denke an Mozart, an Vermeer –, und das ist die wahre Kunst.

»Die Kunst lässt die Wahrheit entspringen«,

59 ebend.

schreibt Heidegger. »Die Kunst erspringt als stiftende Bewahrung die Wahrheit des Seienden im Werk.«[60] Diese Wahrheit ist nicht die der Wissenschaften, die sich immer auf Begriffe, Theorien, Abstraktionen stützen. Die Wahrheit der Kunst dagegen ist immer konkret, immer praktisch, immer still auf ihre Art (selbst wenn sie sich in Wörtern oder Tönen äußert): Es ist die Wahrheit des Seins, soweit wir fähig sind, sie aufzunehmen. »Dieses Seiende tritt in die Unverborgenheit seines Seins heraus«,[61] sagt Heidegger, und das zeigt uns ein menschliches, ein notwendig menschliches Antlitz des Absoluten, das uns enthält und das wir sind. Pech für die Ästheten, Pech für die Virtuosen, wenn sie nichts anderes als das sind. Schönheit ist nicht alles. Technik ist nicht alles. Bevor sie Produktion oder Geschicklichkeit wird, ist die Kunst vor allem Entbergung, Einrichtung oder Sich-ins-Werk-Setzen der Wahrheit[62]. Doch welche Wahrheit gibt es für den Menschen ohne Sprache? Welches Schweigen ohne Sprache? Hier kommen wir zur Dicht-

60 Martin Heidegger, *Der Ursprung des Kunstwerkes*, Stuttgart, Reclam, 1960, S. 80.

61 a. a. O, S. 30.

62 a. a. O., S. 31.

kunst, die das Wesen der Kunst in aller Kunst und ihr Gipfel ist: denn das Wesen der Kunst sei das Gedicht, sagt Heidegger, und das Wesen des Gedichts sei die »Einrichtung der Wahrheit ins Werk«.[63]

Wenn der Mensch die Welt als Dichter bewohne, wie Heidegger sagt, dann dank dieser schöpferischen Menschen (griechisch: *poietai*), die uns gelehrt haben, die Welt zu sehen, zu erkennen, zu preisen, ihr auch entgegenzutreten und sie zu verwandeln, sie zu genießen, selbst wenn sie unangenehm ist, uns an ihr zu freuen oder sie zu ertragen, selbst wenn sie traurig oder grausam ist, mit anderen Worten, sie zu lieben oder ihr zu vergeben, denn dahin müssen wir kommen, denn das ist die einzige Weisheit des Menschen und des Werks. Das ist der Punkt, wo sich Ästhetik und Ethik berühren. Wittgenstein schreibt: »Denn etwas ist wohl an der Auffassung, als sei das Schöne der Zweck der Kunst. Und das Schöne ist eben das, was glücklich macht.«[64] Jedoch keineswegs alles Schöne und nicht irgendein beliebiges Glück. Auch die Wahr-

63 a. a. O., S. 62.

64 Ludwig Wittgenstein, *Geheime Tagebücher, 1914–1916*, Wien, Turia und Kant, 1991, Eintrag vom 21. Oktober 1916.

heit zählt, und zwar in höherem Maße: In der Kunst kann nur die Schönheit bestehen, die nicht lügt.

Ich sprach von einer Musik ohne Bach und Beethoven, einer bildenden Kunst ohne Michelangelo oder Rembrandt, einer Literatur ohne Shakespeare oder Hugo. Aber wer erkennt nicht, dass die Menschheit selbst ohne diese unvergleichlichen Künstler – alle universell, alle singulär – nicht die wäre, die sie heute ist?

Weil sie weniger schön, weniger gebildet, weniger glücklich wäre? Nicht nur und nicht vor allem. Weil sie weniger wahr und weniger menschlich wäre. Die Kunst ist ein Phänomen des Menschen. Der Mensch ist ein Phänomen der Kunst.

Sempé

Zeit

Nur die Gegenwart existiert.
Chrysippos

Was ist Zeit? »Wenn niemand mich danach fragt, weiß ich es; wenn ich es jemandem auf seine Frage hin erklären will, weiß ich es nicht.«[65] Die Zeit ist eine Selbstverständlichkeit und ein Geheimnis: Jeder versucht sie zu ergründen, keiner kann sie begreifen. Denn sie flieht in einem fort. Hielte sie einen Augenblick inne, käme alles zum Stillstand, und es gäbe keine Zeit mehr. Das aber hieße, dass gar nichts mehr wäre. Keine Bewegung mehr (da alles Zeit braucht, um sich zu bewegen), keine Ruhe mehr (da alles Zeit braucht, um bewegungslos zu verharren). Ohne Zeit gäbe es keine Gegenwart mehr, also auch kein »es

65 Augustinus, *Bekenntnisse,* Kap. XI, 14, Stuttgart, Reclam, 2008, S. 311.

gibt« mehr: Wie könnte es etwas geben? Die Zeit ist, wie Kant zeigt, die Bedingung a priori aller Erscheinungen überhaupt. Mit anderen Worten, sie ist für uns die Bedingung von allem.

Im Übrigen, wie könnte die Zeit innehalten, sie, die Voraussetzung jeden Inhalts? Dass die Zeit in ihrem Flug innehalte, das sei der Wunsch eines Dichters, schreibt Alain, ein Wunsch, der sich »jedoch durch den Widerspruch erledigt, wenn wir fragen: Wie lange Zeit wird die Zeit in ihrem Fluge innehalten?« In der Tat geht nur eines von beidem: Entweder hält die Zeit nur eine *gewisse Zeit* inne, was bedeuten würde, dass sie nicht zum Stillstand gekommen ist, oder sie hält endgültig inne, dann hätten Begriffe wie Stillstand oder Ende keine Bedeutung mehr. Stillstand gibt es nur in Beziehung zu einem Vorher; Endgültigkeit gibt es nur in Beziehung zu einem Nachher. Doch *Vorher* und *Nachher* setzen die Zeit voraus: Ein Stillstand der Zeit, egal, ob vorläufig oder endgültig, ist nur in der Zeit denkbar.

Denn die Zeit bildet für uns den Horizont des Seins, alles Seins. Die Ewigkeit? Wenn sie der Gegensatz der Zeit ist, können wir von ihr nichts wissen, nichts denken, nichts erfahren. Als Diderot einmal in Ruinen spazieren ging, sagte er sich:

»Alles geht zunichte, alles geht unter, alles geht vorbei. Nur die Welt bleibt. Nur die Zeit ist von Dauer.« Denn ohne sie kann nichts bleiben, vergehen, dauern, noch nicht einmal zunichtegehen. Sein heißt, in der Zeit zu sein, denn das bedeutet, fortzudauern oder aufzuhören. Aber was ist dann die Zeit, die nur unter der Bedingung vergeht, dass sie bleibt, nur unter der Bedingung bleibt, dass sie verstreicht, und sich nur zeigt in der Erfahrung ihrer Flüchtigkeit, durch die sie uns entgleitet?

Die Zeit muss sein, da ohne sie nichts sein könnte. Aber was ist sie?

Was wir Zeit nennen, ist zunächst einmal die Abfolge von Vergangenheit, Gegenwart und Zukunft. Doch die Vergangenheit ist nicht, da sie nicht mehr ist. Auch die Zukunft ist nicht, da sie noch nicht ist. Die Gegenwart hingegen scheint nur insofern Zeit – und keine Ewigkeit – zu sein, als sie sich unaufhörlich von Augenblick zu Augenblick selbst aufhebt. Sie sei nur, indem sie aufhöre zu sein, heißt es bei Augustinus, und das heiße Gegenwart: das Verschwinden der Zukunft in der Vergangenheit, der Untergang dessen, was noch nicht ist, in dem, was nicht mehr ist. Zwischen den beiden? Der Übergang des einen ins andere, aber ungreifbar, inhaltsleer, ohne Dauer – da jede Dauer für den Verstand aus Vergangenheit und Zukunft besteht, die nicht sind. Eine Vernichtung (Gegenwart) zwischen zwei Nichtsen (Zukunft, Vergangenheit). Eine Flucht zwischen zwei Abwesenheiten. Ein Blitz zwischen zwei Nächten. Wie kann daraus eine Welt werden? Wie eine Dauer?

Betrachten wir den gegenwärtigen Augenblick. Du liest gerade diesen kleinen Text über die Zeit. Was du vorher gemacht hast, ist Vergangenheit, es ist nichts oder fast nichts – sagen wir, es ist nicht mehr: Es existiert nur noch insoweit, als sich jemand in der Gegenwart daran erinnert. Aber Sich-Erinnern ist nicht die Vergangenheit, kann sie nicht sein: Es ist nur ihre Spur oder ihre aktuelle Evokation und als solche Teil der Gegenwart. Wenn deine Erinnerung selbst Vergangenheit wäre, könntest du sie nicht mehr abrufen: Dann würde es sich nicht mehr um Erinnerung handeln, sondern um Vergessen. Die Vergangenheit gibt es für uns nur als Gegenwart oder in der Gegenwart: Sie existiert nur, das ist das ganze Paradoxon des Gedächtnisses, insoweit sie nicht vergangen ist.

Dann wäre also eine Vergangenheit, an die sich

niemand erinnert, nichts, absolut nichts? So einfach ist das nicht. Denn auch von dem, was nicht mehr ist, bleibt wahr – ewig wahr –, dass es war. Von dem kleinen Mädchen, das in Auschwitz weinte, weil ihm kalt war, weil es Hunger hatte, weil es Angst hatte, von dem kleinen Mädchen, das sie vielleicht ein paar Tage später vergasten – nehmen wir an, im Dezember 1942 –, kennt niemand mehr den Namen oder das Gesicht: Das war vor so langer Zeit; alle, die es kannten, sind tot; selbst sein Leichnam ist verschwunden; wie sollten da seine Tränen noch in Erinnerung sein? Gewiss, aber das, was stattgefunden hat, bleibt wahr und wird es immer bleiben, auch wenn sich heute niemand mehr daran erinnert und sich morgen niemand daran erinnern wird. Jede seiner Tränen ist eine ewige Wahrheit, wie Spinoza sagen würde, und anders gibt es keine Wahrheit. Folgt daraus, dass die Vergangenheit doch existiert? Keineswegs, da diese Wahrheit gegenwärtig ist, immer nur gegenwärtig: Die Ewigkeit ist für das Denken nichts anderes als dieses Immer-Gegenwärtige des Wahren. Es ist nicht so, dass die Vergangenheit bleibt, sondern dass die Wahrheit nicht vergeht.

Gerade hast du die vorangegangenen Zeilen

gelesen. Das war nur ein kleiner Augenblick deiner Gegenwart, den du rasch vergessen haben wirst. Bleibt es wahr, dass du sie gelesen hast? Ganz gewiss; wahr aber auch, dass du sie bald vergessen haben wirst. Und selbst wenn du dich dein ganzes Leben lang an sie erinnern solltest, so liegen diese Minuten doch endgültig hinter dir. Natürlich kannst du diese Seiten morgen oder in zehn Jahren wiederlesen, aber du wirst diesen Augenblick, der nicht mehr ist, nie wiederfinden, den Augenblick der ersten Lektüre, den des Vorher. Denn die Zeit wird nicht aufgehört haben, zu verstreichen, zu vergehen, sich zu wandeln – das ist das wahre Geheimnis: Die Gegenwart hebt sich ständig auf (in der Vergangenheit), ohne jemals zu verschwinden (da sie fortdauert). Dieses Geheimnis ist die Zeit, die die Vergangenheit weder vereinnahmen noch auslöschen kann. Wie könnte die Vergangenheit die Zeit sein, da sie nicht mehr ist? Wie könnte die Zeit vergangen sein, da sie doch bleibt?

Die Zukunft? Für dich ist beispielsweise die nächste, die wahrscheinlichste Zukunft, dass du die folgenden Zeilen liest. Doch das ist nicht sicher, denn es ist noch nicht: Ein Freund kann dich stören, du kannst die Lust verlieren, an anderes denken, dieses Buch verlegen, vielleicht auch im nächsten Augenblick sterben. Würde die Zukunft existieren, wäre sie nicht zukünftig, sondern gegenwärtig. Sie ist das, was sie ist – und darin liegt das Paradoxon der Erwartung –, nur unter der Bedingung, dass sie nicht ist. Sie ist nicht wirklich, sondern möglich, virtuell, imaginär. Wirst du dieses Kapitel zu Ende lesen? Das wirst du erst wissen, wenn du es beendet hast: Dann wird es keine Zukunft mehr sein, sondern Vergangenheit. Bis dahin? Kannst du nur fortfahren oder aufhören: Das ist keine Zukunft, sondern Gegenwart. Hoffnung? Erwartung? Vorstellung? Entschluss? Auch sie gibt es nur in der Gegenwart: Sie sind gegenwärtig, oder sie sind nicht. Morgen? Im nächsten Jahr? In zehn Jahren? Das ist nur zukünftig, weil es nicht ist; das ist nur möglich unter der Bedingung, dass es nicht wirklich ist. Auch wenn du Seiten überschlägst, zum Ende des Buchs springst, immer schneller wirst, Züge nimmst, Flugzeuge, Raketen ... so wirst du deswegen doch nicht aus der Gegenwart, der Wirklichkeit, der Zeit ausbrechen. Du musst warten oder handeln, und beides kann nur im Hier und Jetzt stattfinden. Wie könnte die Zukunft die Zeit sein, da sie noch nicht ist? Wie könnte die Zeit zukünftig sein, da sie immer schon da ist, da sie uns vorausgeht, da sie uns begleitet, da sie uns enthält?

Die Zeit vergeht, aber sie ist nicht Vergangenheit. Sie kommt, aber sie ist nicht künftig. Nichts außer der Gegenwart vergeht, kommt, trifft ein.

Allerdings trifft diese Gegenwart als Gegenwart erst in dem Augenblick ein, da sie sich aufhebt: Versuche, sie zu fassen – sie ist schon vergangen. Wenn die Gegenwart immer gegenwärtig bliebe, sagt Augustinus, wenn sie nicht in die Vergangenheit überginge, »wäre sie nicht mehr Zeit, sondern Ewigkeit«.[66] Aber, so fährt der Autor der *Bekenntnisse* fort: »Wenn also die Gegenwart nur dadurch Zeit ist, dass sie in die Vergangenheit übergeht, wie können wir von ihr sagen, sie *sei,* wo doch der Grund ihres Seins der ist, dass sie nicht sein wird?« Die Schlussfolgerung nimmt die Form eines Paradoxons an: »Können wir wirklich von der Zeit nur behaupten, sic sei, weil sie ins Nichtsein übergeht?«[67]

Vielleicht ist alles weniger schwierig, als es scheint.

66 Augustinus, *Bekenntnisse,* Kap. XI, 17, Stuttgart, Reclam, 2008, S. 311.
67 ebend.

Zunächst einmal, weil der Einwand des Augustinus (wenn die Gegenwart gegenwärtig bliebe, wäre sie keine Zeit mehr, sondern Ewigkeit) voraussetzt, dass die Zeit und die Ewigkeit unvereinbar sind, was nicht bewiesen ist und was sich nicht von selbst versteht.

Sodann, weil nichts belegt, dass die Gegenwart in die Vergangenheit übergeht, ja, weil es noch nicht einmal vorstellbar ist. Wo sollte das Gegenwärtige in das Vergangene übergehen, da dieses doch gar nicht ist? Und wie sollte es geschehen, da doch jeder wie auch immer geartete Übergang nur in der Gegenwart stattfinden kann?

Schließlich und vor allem scheint sich die bis dahin vorbildliche Analyse des Augustinus nun von unserer Erfahrung zu entfernen. Wer hätte jemals beobachtet, dass die Gegenwart aufhört? Sie verändert sich, gewiss. Aber sie kann es nur, indem sie bleibt. Was Gegenwart war, ist es nicht mehr? Gewiss! Doch die Gegenwart selbst ist es noch. Hast du jemals etwas anderes erlebt? Hast du seit deiner Geburt jemals eine Sekunde Vergangenheit erlebt? Eine Tausendstelsekunde Zukunft? Hast du einen einzigen Augenblick erlebt, der nicht Gegenwart wäre, einen einzigen Tag, der kein Heute wäre? Und welche Bedeutung hätte die Aussage, die Gegenwart höre auf zu sein, da alles nur unter der Bedingung aufhören kann, dass die Gegenwart nicht aufhört? Ich bin mir jedenfalls ganz sicher, dass ich die Gegenwart nie habe verschwinden, sondern immer nur habe fortbestehen, andauern, beharren sehen. Recht bedacht, ist die Gegenwart sogar das Einzige, an dem es mir nie gemangelt hat. Oft hat es mir an Geld gefehlt, manchmal an Liebe, an Gesundheit, an Mut ... Aber nicht an Gegenwart. Es hat mir an Zeit gefehlt? Sicher, wie allen. Aber die Zeit, die mir gefehlt hat, war fast immer die Zukunft (dann sprechen wir von Dringlichkeit: Wir haben keine Zeit mehr vor uns), gelegentlich die Vergangenheit (dann sprechen wir von Nostalgie: der Mangel an etwas, das hinter uns liegt, das war), nie die Gegenwart: Sie war immer da, sie allein und ganz und gar!

Wie könnten wir im Übrigen einer Sache ermangeln, die allen Mangel voraussetzt? Wie könnten wir sehen, wie etwas aufhört zu sein, das für jedes Sehen, jedes Aufhören und jedes Sein erforderlich ist?

Die Gegenwart hört niemals auf und beginnt niemals. Sie geht weder in Zukunft über, noch hebt sie sich in Vergangenheit auf: Sie bleibt und verändert sich, sie dauert und wandelt sich – und sie kann sich nur verändern und wandeln, weil sie dauert und bleibt. »Die Dauer«, schreibt Spinoza, »ist eine unbestimmte Fortsetzung des Existierens.«[68] Das ist die Zeit selbst: die fortgesetzte und ständig sich wandelnde Gegenwart des Seins. Also müssen wir umkehren, was Augustinus sagt – »dass wir in Wahrheit sie nur deshalb Zeit nennen können, weil sie zum Nichtsein strebt.« Mir scheint, das Gegenteil ist richtig: Wir können der Zeit nur deshalb bescheinigen, dass sie ist, weil sie nicht aufhört fortzubestehen.

Dann könnten wir also sagen, dass die Zeit und die Ewigkeit eins sind. Warum nicht? Doch darauf werden wir zum Schluss noch einmal zurückkommen.

Die Vergangenheit ist nicht mehr und die Zukunft noch nicht: Es gibt nur die Gegenwart als die einzige reale Zeit. Allerdings erleben wir sie nicht so. Vielmehr wird uns die Zeit nur bewusst, weil wir uns an die Vergangenheit erinnern, weil wir die Zukunft antizipieren und weil wir mittels unseres Verstandes oder unserer Uhren erfassen,

68 Baruch de Spinoza, *Ethik in geometrischer Ordnung dargestellt, Werke in drei Bänden,* Bd. 1, Hamburg, Meiner, 2006, S. 53.

was die beiden trennt. Mittels unserer Uhren? Aber die Zeiger, die sich bewegen, sind ein Stück der Gegenwart: Das ist keine Zeit, sagt Bergson, das ist Raum. Nur der Verstand, der sich an ihre frühere Stellung erinnert und ihre künftige Stellung antizipiert, kann dort eine Dauer ablesen. Ließen wir den Verstand fort, bliebe nur eine Gegenwart ohne Vergangenheit oder Zukunft: Bliebe nur die aktuelle Stellung der Zeiger, bliebe nur der Raum. Doch der Verstand ist da, weil das Gedächtnis da ist – weil der Körper da ist, der sich an Vergangenheit, Gegenwart und sogar (denk an unsere Verabredungen, Vorhaben, Versprechen) Zukunft erinnert. Das ist kein Raum mehr, sondern Dauer. Das ist keine Bewegung mehr, sondern Bewusstsein. Das ist kein Augenblick mehr, sondern ein Intervall. Deshalb können wir die Zeit messen (versuche einmal, die Gegenwart zu messen!), deshalb ist die Zeit für uns das Gegenteil der Ewigkeit (die eine reine Gegenwart ohne Vergangenheit oder Zukunft wäre), mit einem Wort, deshalb sind wir in der Zeit (und nicht einfach in der Gegenwart) – es sei denn, die Zeit wäre vielleicht in uns.

Warum dieses Zögern? Weil die Zeit, die wir messen oder uns vorstellen, vor allem aus Vergangenheit und Zukunft besteht, die beide nur in unserer Vorstellung existieren: Woher können wir wissen, dass das nicht auch für die Zeit gilt? Diese Frage nach der Objektivität oder Subjektivität der Zeit ist philosophisch bedeutsam. Ist die Zeit ein Teil der Welt, der Natur, der Wirklichkeit an sich? Oder existiert sie nur für uns, unser Bewusstsein, nur subjektiv? Es ist ersichtlich, dass sich die beiden Thesen, strenggenommen, nicht ausschließen. Es könnte sein, dass sie beide wahr sind, jede aus ihrer Sicht, mit anderen Worten, es gibt zwei verschiedene Zeiten oder zwei verschiedene Weisen, die Zeit zu denken: einerseits die objektive Zeit, die Zeit der Welt oder der Natur, die nur ein ewiges Jetzt ist, wie Hegel sagen würde, und als solches stets unteilbar (versuch einmal, die Gegenwart zu teilen!), und andererseits die Zeit des Bewusstseins und der Seele, die – im und für den Verstand – kaum mehr ist als die Summe einer Vergangenheit und einer Zukunft. Wir können jene Dauer und diese Zeit nennen. Aber nur, wenn wir nicht vergessen, dass es sich in Wahrheit um ein und dieselbe Sache handelt, die aus zwei verschiedenen Blickwinkeln betrachtet wird – dass die Zeit nur das menschliche Maß der Dauer ist. »Um [die] Dauer zu bestimmen«, erläutert Spinoza, »vergleichen wir sie mit der Dauer anderer Dinge, die eine wohlbestimmte Bewegung haben.«[69] Doch aus keinem Vergleich wird ein Sein. Deshalb dürfen wir Dauer und Zeit nicht verwechseln, aber auch nicht gänzlich unterscheiden, als würden sie auf die gleiche Weise existieren. Das ist nicht der Fall. Die Dauer ist ein Teil der Wirklichkeit – oder vielmehr die Wirklichkeit selbst: die unendliche Fortsetzung deren Existenz. Die Zeit dagegen ist nur ein Gedankenkonstrukt: unsere Art, die unteilbare und inkommensurable Dauer von allem zu denken oder zu messen.

Die Dauer gehört zum Sein; die Zeit in diesem Sinne zum Subjekt. Diese Zeit, die erlebte Zeit, die subjektive Zeit (die uns allein ermöglicht, die objektive Zeit zu messen: Uhren gibt es nur für ein Bewusstsein), bezeichnen die Philosophen des 20. Jahrhunderts gern als Zeitlichkeit. Sie ist eher eine Dimension des Bewusstseins als der Welt. Eher eine Ausdehnung der Seele, sagt Augustinus, als des Seins. Eher eine »ursprüngliche

69 Baruch de Spinoza, »Anhang, enthaltend Gedanken zur Metaphysik«, *Descartes' Prinzipien der Philosophie, Werke in drei Bänden*, Bd. 3, Hamburg, Meiner, 2006, S. 145.

Form der Sinnlichkeit«,[70] sagt Kant, als eine objektive Wirklichkeit oder eine Wirklichkeit an sich. Eher eine Gegebenheit des Subjekts als des Objekts. Doch dass wir die Zeit nur mittels der Subjektivität erfassen können – eine Erkenntnis, die wir Kant oder Husserl verdanken –, bedeutet nicht, dass jene sich auf diese einschränken lässt, was ich nicht für denkbar halte. Denn würde die Zeit nur für uns existieren, wie könnten wir dann in die Zeit gelangen? Welche Wirklichkeit ist diesen Milliarden Jahren zuzugestehen, die sich unserem Bewusstsein (dank unserer Physiker, Geologen und Paläontologen) nur in der Rückschau erschließen als die Zeit vor uns, die Zeit vor dem Bewusstsein, die ihm schon allein deshalb vorausgehen musste, weil es ohne sie nicht hätte entstehen können? Wie hätte die Zeit, würde sie nur für uns existieren, zwischen dem Urknall und dem Auftreten des Lebens verstreichen können? Und wie hätte die Natur, wäre die Zeit nicht verstrichen, sich entwickeln, verändern und ihre schöpferische Kraft entfalten können? Wie hätte die

70 Immanuel Kant, *Vorlesungen über Metaphysik*, Akademie-Ausgabe, Bd. 28, S. 178.

Subjektivität in der Zeit erscheinen können, wäre diese lediglich subjektiv?

Betrachten wir einen beliebigen Zeitraum, sagen wir diesen Tag unseres Lebens. Ein Teil ist verstrichen, ein anderer wird noch kommen. Die Gegenwart, die sie trennt, ist nur ein Augenblick ohne Dauer, der keine Zeit ist (würde er dauern, bestünde er selbst aus Vergangenheit und Zukunft). Wir erleben ihn als Zeit, weil unser Bewusstsein behält, was nicht mehr ist, und antizipiert, was noch nicht ist, kurzum, in einer Gegenwart – der gelebten Gegenwart – existieren lässt, was in Wirklichkeit nicht zusammenkommen kann. Wie Marcel Conche erkannt hat, gestattet uns die Zeitlichkeit nur deshalb, die Zeit zu erfassen, weil sie zunächst ihre Negation ist: Der Mensch widersteht der Zeit (weil er sich erinnert, weil er antizipiert); so wird sie ihm bewusst. Der Geist verneint immer, das ist der Geist, der Gedächtnis ist, Vorstellung, Eigensinn … Doch wir widerstehen der Zeit nur in der Zeit. Gedächtnis, Vorstellung, Eigensinn oder Wille existieren nur in der Gegenwart. Der Geist existiert nur in der Welt oder dem Körper, denn das nennen wir existieren. Wie könnten wir die Zeit besiegen, da wir sie doch nur unter der Bedingung bekämpfen können, dass wir ihr angehören?

Die Zeit ist stets am stärksten: weil sie immer da ist, weil es immer Zeit gibt, weil die Gegenwart das einzige »es gibt« des Seins ist, in dem alles geschieht und das selber nicht geschieht. Deshalb altern wir, deshalb sterben wir. In zwei Versen sagt Ronsard alles Wesentliche:

»Die Zeit vergeht, die Zeit vergeht,
ma Dame …
Doch ach! Die Zeit nicht, sondern wir
vergehn!«

Ein Grund mehr, die Jugend und das Leben zu nutzen. Aber wie?

In der Gegenwart leben? Das müssen wir, weil uns nichts anderes übrigbleibt. Im Augenblick leben? Auf keinen Fall! Das hieße auf das Gedächtnis, die Vorstellung, den Willen verzichten – auf das Bewusstsein und sich selbst verzichten. Wie können wir denken, ohne uns an unsere Ideen zu erinnern? Lieben, ohne uns an die zu erinnern, die wir lieben? Handeln, ohne uns an unsere Wünsche, Vorhaben, Träume zu erinnern? Wenn du studierst oder etwas für den Ruhestand zurücklegst, bereitest du deine Zukunft vor, und das ist gut so. Doch du studierst und sparst in der Gegenwart, nicht in der Zukunft! Wenn du deine Versprechen hältst, dann vor allem deshalb, weil du dich an sie erinnerst, und das muss so sein. Aber du hältst sie in der Gegenwart, nicht in der Vergangenheit! In der Gegenwart leben heißt nicht, sein Gedächtnis oder seinen Willen zu amputieren, denn die gehören auch zur Gegenwart. Es bedeutet nicht, im Augenblick zu leben, denn wir dauern, beharren, wachsen oder altern. Kein Augenblick ist eine Bleibe für den Menschen, sondern nur die Gegenwart, die dauert und sich wandelt, nur der Geist mit seinen Vorstellungen und Erinnerungen. Dass auch dieser Geist nur in der Gegenwart – im Gehirn – existiert, ist wahrscheinlich. Wir sind von dieser Welt, dann sprechen wir vom Körper, wir sind auf dieser Welt, dann sprechen wir vom Geist, beide sind meiner Meinung nach eins. Doch die Welt ist ohne Geist und der Geist nicht die Welt. Deshalb droht immer das Vergessen, der Tod, die Müdigkeit, die Dummheit und das Nichts. Existieren heißt widerstehen; denken heißt schöpfen; leben heißt handeln.

All das kann nur in der Gegenwart geschehen –

etwas anderes gibt es nicht –, und auf jede Gegenwart folgt immer nur eine neue Gegenwart. Wer könnte in der Vergangenheit oder Zukunft leben? Er müsste nicht mehr oder noch nicht sein. In der Gegenwart leben, das sagten die Stoiker, das sagen alle Weisen, ist kein Traum, ist kein Ideal, keine Utopie, sondern die sehr einfache und sehr schwierige Wahrheit des Lebens. Die Ewigkeit? Wenn sie ein »ewiges Heute« ist, wie Augustinus sagt, ist es vergeblich, auf das Morgen zu warten. Wenn sie eine »ewige Gegenwart« ist, wie er auch sagt, ist sie die Gegenwart selbst – und damit nicht das Gegenteil der Zeit, sondern ihre Wahrheit, die darin liegt, immer gegenwärtig, immer wirksam, immer handelnd zu sein. Wir »empfinden und erfahren …, daß wir ewig sind«, lesen wir in Spinozas Ethik.[71] Das soll nicht heißen, dass wir nicht sterben werden oder nicht in der Zeit sind, sondern dass der Tod uns nichts nimmt (denn er nimmt uns nur die Zukunft, die nicht ist), dass die Zeit uns nichts nimmt (denn die Gegenwart ist alles), und schließlich, dass es absurd ist, auf die Ewigkeit zu hoffen – denn wir sind

71 Baruch de Spinoza, *Ethik in geometrischer Ordnung dargestellt, Werke in drei Bänden,* Bd. 1, Hamburg, Meiner, 2006, S. 286.

schon dort. Dazu Wittgenstein: »Wenn man unter Ewigkeit nicht unendliche Zeitdauer, sondern Unzeitlichkeit versteht, dann lebt der ewig, der in der Gegenwart lebt.«[72] Wir haben sie also schon, alle, seit jeher: Wir sind schon erlöst. Weil wir unzeitlich sind? Ein Wort, das ich nicht verwenden würde. Weil die Ewigkeit in ihrer Wahrheit nichts anderes ist als die ewige Gegenwärtigkeit des Wirklichen und Wahren. Wer hat jemals ein einziges *Gestern* erlebt? Ein einziges *Morgen*? Wir erleben nur die Reihung der *Heute,* und das heißt leben.

Die Relativitätstheorie ändert nichts daran. Dass die Zeit von der Geschwindigkeit und Materie abhängt, wie wir seit Einstein wissen, bewirkt nicht, dass sein kann, was nicht mehr ist oder noch nicht ist. Bachelard sagt: »Von der Relativität der einsteinschen Theorie ist der Zeitraum, die Länge der Zeit, betroffen.« Das ist nicht die Gegenwart selbst, wie das berühmte »Zwillingsparadoxon« zeigt, ein Gedankenexperiment, das durch Berechnungen und teilchenphysikalische Experimente bestätigt wurde. Von

72 Ludwig Wittgenstein, *Tractatus-logico-philosophicus,* 6.4311, Frankfurt a. M., 1984, S. 84.

Zwillingen bleibt einer auf der Erde zurück, während der andere eine interstellare Reise nahe der Lichtgeschwindigkeit unternimmt. Bei dessen Rückkehr haben die beiden nicht mehr das gleiche Alter: Der Astronaut ist nur um mehrere Monate, sein sesshafter Bruder um mehrere Jahre gealtert. Daraus schließen die Forscher – sicherlich zu Recht –, dass sich die Zeit abhängig von der Geschwindigkeit verändert, dass es keine universelle und absolute Zeit gibt, wie Newton meinte, sondern relative oder elastische Zeiten, die sich, abhängig von der Geschwindigkeit, mehr oder weniger dehnen. Das ist empirisch belegt, kann aber nicht für die Existenz von Vergangenheit oder Zukunft sorgen. Keiner der beiden Zwillinge hat die Gegenwart auch nur einen einzigen Augenblick verlassen. Insofern bleibt, wie Bachelard weiter ausführt, »der exakt bestimmte Augenblick in Einsteins Theorie ein Absolutum«. Er ist ein Punkt in der Raumzeit: »hic et nunc; nicht hier und morgen, nicht dort und heute«, sondern hier und jetzt. Das ist die Gegenwart oder vielmehr, das sind die Gegenwarten. Sie sind alle verschieden, alle veränderlich, aber auch alle wirksam. Das nennen wir das Universum, das ebenso in der Zeit wie im Raum ist:

Denn es ist die Raumzeit und ihre einzige Wirklichkeit.

Wie könnten wir die Gegenwart verlassen, da sie doch alles ist? Warum sollten wir es wollen, da ihr doch sogar der Geist angehört? Schau dieses zu Ende gehende Kapitel an: Es liegt fast vollständig hinter dir, wie eine Vergangenheit, die bereits verblasst. Doch du hast es nur in der Gegenwart (im Präsens) gelesen und wirst es immer nur in der Gegenwart lesen, da ich es in der Gegenwart geschrieben habe. Gleiches gilt für dein Leben, und das ist viel wichtiger. Es ist nicht in der Zukunft verborgen wie ein Schicksal oder ein bedrohliches Raubtier. Nicht im Himmel versteckt wie ein Paradies oder ein Versprechen. Auch nicht eingesperrt in deiner Vergangenheit wie in einem Keller oder einem Gefängnis. Es ist hier und jetzt: Es ist das, was du lebst und tust. Inmitten des Seins. Inmitten der Gegenwart. Inmitten von allem – im stürmischen Wind der Wirklichkeit und des Lebens. Nichts steht geschrieben. Nichts ist versprochen. Wenn nur die Gegenwart existiert, wie die Stoiker sagen, sind nur die Taten wirklich. Träumen, phantasieren, imaginieren? Auch das ist handeln, denn es ist leben, wenn auch auf kleiner Flamme. Du tätest unrecht, wenn du es dir verbieten würdest, aber noch größeres, wenn du dich damit zufriedengäbest. Nimm stattdessen dein Leben in die Hände, sei gegenwärtig in der Gegenwart! Seneca sagt: »Das größte Hindernis für das Leben ist die Erwartung. Alles, was später kommen wird, gehört ins Reich der Ungewissheit: Lebe jetzt gleich.«

Carpe diem (pflücke/nutze den Tag)? Das ist nicht genug, denn die Tage vergehen, keiner bleibt. Nutze vielmehr die Gegenwart, die sich verändert und fortdauert: *Carpe aeternitatem* – pflücke die Ewigkeit.

Im Augenblick leben? Davon kann keine Rede sein. Wie könntest du dich auf ein Examen oder deine Ferien vorbereiten, deine Versprechen halten, an einer Freundschaft oder einer Liebesbeziehung arbeiten? In der Gegenwart leben? Das ist der einzige Weg. Wie könntest du in der Zukunft arbeiten, dich amüsieren, handeln oder lieben?

Die Gegenwart ist der einzige Schauplatz des Handelns, der einzige Schauplatz des Denkens, sogar der einzige Schauplatz der Erinnerung und der Erwartung. Sie ist der *kairos* der Welt (der günstige Augenblick, der geeignete Moment des

Handelns), oder die Welt als *kairos* – die Wirklichkeit im Handeln.

Das Sein dauert nicht, weil es in der Zeit ist, sondern weil es dauert, gibt es Zeit.

In der Gegenwart leben? Das heißt einfach, in der Wahrheit leben. Wir sind schon im Reich: Die Ewigkeit ist jetzt.

Menschsein

Der Mensch ist dem Menschen heilig.
Seneca

Was ist der Mensch? Auf diese Frage gibt es in der Philosophiegeschichte reichlich Antworten. Ist der Mensch ein politisches Tier, wie Aristoteles meinte? Ein sprechendes Tier, wie er auch sagte? Ein zweibeiniges Tier ohne Federn, wie Platon scherzte? Ein vernunftbegabtes Tier, wie erst die Stoiker und später die Scholastiker dachten? Ein Geschöpf, das lacht (Rabelais), das denkt (Descartes), das urteilt (Kant), das arbeitet (Marx), das erschafft (Bergson)?

Diese Antworten erscheinen mir weder einzeln noch zusammengenommen befriedigend. Zunächst einmal, weil sie, ihren Begriffsumfang betreffend, möglicherweise zu weit und auf jeden Fall zu eng gefasst sind. Eine gute Definition muss für den ganzen definierten Gegenstand gelten, und nur für ihn. Das gilt nicht für die genannten Definitionen, so berühmt sie auch sind. Stellen wir uns vor, jemand bewiese, dass Delphine oder Außerirdische sprechen, denken, arbeiten, sich politisch organisieren etc. Das würde aus den Delphinen oder Außerirdischen noch keine Menschen machen, genauso wenig, wie es Menschen in Meeressäuger oder Marsmenschen verwandeln würde. Und was ist mit den Engeln und ihrer Fähigkeit zu lachen?

Also sind es zu weit gefasste Definitionen, da sie nicht nur für den definierten Gegenstand gelten: Ein Geschöpf kann gesellig leben, sprechen, denken, urteilen, lachen, seine Subsistenzmittel produzieren ... ohne deshalb zwangsläufig zur Menschheit zu gehören.

Doch dieselben Definitionen sind zugleich zu eng gefasst, da sie nicht für den ganzen definierten Gegenstand gelten: Jemand mit schwerer geistiger Behinderung spricht nicht, denkt nicht, lacht nicht, urteilt nicht, arbeitet nicht, nimmt nicht am politischen Leben teil ... und ist doch ein Mensch. Lebt er in der Gesellschaft? Kaum noch, vielleicht sogar weniger als manch ein Haustier. Wer würde sich aber deshalb trauen, ihn wie ein Tier, selbst wie ein gut gehaltenes Tier, zu behandeln? Wer würde ihn in einen Zoo stecken wollen? Es ließe sich einwenden, dass diesen Menschen, wie jeder weiß, gelegentlich Schlimmeres widerfahren ist. Doch welcher Philosoph würde sich damit einverstanden erklären?

Wenn Delphine oder Außerirdische, obwohl intelligent, keine Menschen sind, geistig Schwerbehinderte hingegen sehr wohl (um diesen Punkt geht es mir, wie du sicherlich gemerkt hast), so müssen wir daraus schließen, dass unsere funktionalen oder normativen Definitionen nichts taugen: Ein Mensch bleibt ein Mensch, selbst wenn ein Teil seiner normalen Funktionen ausgefallen ist. Daraus folgt, dass weder die Funktionen noch die Normen für die Definition herangezogen werden können. Das Menschsein des Menschen wird nicht durch das definiert, was er tut oder tun kann. Durch das, was er ist? Gewiss. Aber was ist er dann? Weder die Vernunft noch die Politik, weder das Lachen noch die Arbeit, noch irgendeine wie auch immer geartete Fähigkeit macht die Besonderheit des Menschen aus. Der Mensch hat keine Besonderheit oder auf jeden Fall keine, die ausreicht, um ihn zu definieren.

Diderot hat das gesehen. In seinem Artikel »Mensch« für die *Enzyklopädie* entwirft er eine

Definition: »Der Mensch ist ein fühlendes, reflektierendes und denkendes Wesen, das sich frei auf der Erde bewegt, das an der Spitze aller anderen Tiere zu stehen scheint, über die es herrscht, das in Gesellschaft lebt, Wissenschaften und Künste erfunden hat, eine ihm eigene Güte und Bosheit besitzt, sich Herren gegeben hat, sich Gesetze gemacht hat etc.« Diese Definition hat die gleichen Vorzüge und die gleichen Schwächen wie diejenigen, von denen wir ausgegangen sind. Nur dass Diderot es weiß: Am Ende seiner Definition steht ein Satz, der sie wie ein Lächeln erhellt und rückgängig macht: »Das Wort besitzt nur dann eine genaue Bedeutung, wenn es uns an all das erinnert, was wir sind; das jedoch, was wir sind, lässt sich nicht in eine Definition fassen.«

Wie können wir dann aber von den Menschenrechten sprechen, wenn wir nicht wissen, von was – oder wem – wir reden? Wir brauchen zumindest ein Kriterium, ein Kennzeichen, ein Attribut, das Zugehörigkeit signalisiert – das, was Aristoteles einen spezifischen Unterschied nennen würde. Und welcher wäre das? Die Spezies selbst, zu der wir gehören. Menschsein ist nicht in erster Linie eine Leistung, eine Erfolgsgeschichte. Es ist eine Gegebenheit, die auch in ihren Niederlagen zu erkennen ist.

Wir müssen also auf die Biologie zu sprechen kommen. Nicht um andere definierende Merkmale zu finden, die dann wieder genauso strittig sind: Auch aufrechte Haltung, Opposition des Daumens, Hirngewicht oder Kreuzbarkeit sind innerhalb der Menschheit nicht ohne Ausnahmen. Wenn wir auf die Biologie zu sprechen kommen, so tun wir das, um uns auf unsere Erfahrung zu besinnen, auf die Erfahrung des geschlechtlich differenzierten Menschheit, der Empfängnis, der Schwangerschaft, der Geburt – des Körpers. Alle von einer Frau geboren, alle gezeugt und nicht erschaffen. Der geistig Behinderte genauso wie das Genie. Der Anständige genauso wie der Lump. Der Greis genauso wie das Kind. Das kann kein Außerirdischer und kein Engel jemals für sich beanspruchen. Die Menschheit ist zunächst einmal eine bestimmte Tierart. Wir täten unrecht, es zu bedauern: nicht nur wegen des lebhaften Vergnügens, das uns dadurch zuteil wird, sondern weil wir damit unsere einzige Existenzgrundlage bedauern würden. Edgar Morin erinnert uns daran, dass wir Säugetiere sind und »zur Ordnung der Primaten, der Familie der Hominiden, der Gattung Homo und der Art sapiens« gehören. Diese Zugehörigkeit führt zu einer anderen Definition, die nicht mehr funktional, sondern generisch ist. Ich habe sie zu meiner Privatdefinition gemacht und immer als ausreichend empfunden: *Ein Mensch ist ein Wesen, das von zwei Menschen abstammt*. Ein strenger, aber vorsichtiger Biologimus. Ob jemand spricht oder nicht, denkt oder nicht, fähig ist zur Sozialisation, zu schöpferischer Tätigkeit, Arbeit oder nicht – wenn er diese Definition erfüllt, hat er die gleichen Rechte wie wir (selbst wenn er sie faktisch nicht wahrnehmen kann), oder vielmehr haben wir – was auf dasselbe hinausläuft – die gleiche Pflichten ihm gegenüber.

Das Menschsein ist eher eine Tatsache als ein Wert, eher eine Art als eine Tugend. Und wenn es (im Sinne von Menschlichkeit) ein Wert oder eine Tugend werden kann, dann nur durch das Bekenntnis zu dieser Tatsache und dieser Art. »Jeder Mensch«, schreibt Montaigne, »trägt die ganze Gestalt des Menschseins in sich.«[73] Auch die Schlimmsten unter uns bilden da keine Aus-

73 Michel de Montaigne, »Über das Bereuen«, *Essais, Drittes Buch,* München, btb, 2000, S. 34.

nahme. Es gibt Menschen, die durch ihre Grausamkeit, Brutalität, Barbarei unmenschlich sind. Aber wir wären genauso schlimm wie sie, würden wir ihnen ihre Zugehörigkeit zur Menschheit absprechen. Als Mensch kommen wir zur Welt; menschliche werden erst durch unser Zutun. Doch wer das nicht schafft, ist deswegen nicht weniger Mensch. Das Menschsein empfangen wir, bevor wir geschaffen oder schöpferisch werden. Natur sind wir, bevor wir Kultur werden. Es geht nicht um das Wesen, sondern um die Abstammung. Mensch bist du, weil du ein Menschensohn bist.

Das wirft die Frage nach der Klonierung, der Eugenik und zukünftiger Methoden der künstlichen Herstellung des Menschen – oder des Übermenschen – auf. Das lehne ich entschieden ab. Wenn das Menschsein mehr durch die Abstammung als durch sein Wesen definiert wird, mehr durch die Zeugung als durch den Verstand und mehr durch unsere Pflichten uns selbst gegenüber als durch Funktionen oder Leistungen, dann müssen wir eisern an dieser Abstammung, dieser Zeugung, diesen Pflichten festhalten. Menschsein ist nicht in erster Linie Schöpfung, sondern Weitergabe. Nicht Erfindung, sondern Festhalten. Es ist kein Spiel, doch steht viel auf dem Spiel. Niemand wird Einwände erheben, wenn die Medizin sich die enormen Fortschritte der Genetik zunutze macht, um jedem Menschen, so weit wie möglich (durch die sogenannte Gentherapie), alle Möglichkeiten seines Menschseins zu erschließen. Doch das ist kein Grund, um die Menschheit selbst umgestalten zu wollen, auch nicht zu ihrem Besten. Die Medizin bekämpft Krankheiten, aber Menschsein ist keine Krankheit, das heißt, es kann kein legitimer Gegenstand der Medizin sein.

Den Menschen überwinden? Das hieße, ihn zu verraten oder zu verlieren. »Jedes Ding strebt …, in seinem Sein zu verharren«, sagt Spinoza.[74] Das Sein des Menschen wird nicht weniger zerstört, wenn er sich in einen Engel verwandelt, als wenn er zum Pferd wird … Eugenik ist Barbarei – und gleich zu bekämpfen! Einen Menschen heilen, gewiss, da können wir gar nicht zu viel des Guten tun, aber die menschliche Art verändern, nein. Ich weiß sehr wohl, dass es im Falle der Gentherapie nicht leicht ist, eine genaue Grenze zu ziehen. Ein Grund mehr, darüber nachzuden-

74 Baruch de Spinoza, *Ethik in geometrischer Ordnung dargestellt, Werke in drei Bänden,* Bd. 1, Hamburg, Meiner, 2006, S. 122.

ken und zu wachen. Der Mensch ist nicht Gott: Ganz Mensch kann er nur bleiben, wenn er entschlossen ist, weder zu seiner Ursache noch zu seinem Verderben zu werden.

Durch die Annahme, dass die Menschheit vor allem eine Tierart ist, wird auch und vor allem die Frage des Humanismus aufgeworfen. Das Wort besitzt zwei Bedeutungen. Auf der einen Seite haben wir den praktischen oder moralischen Humanismus, der einfach darin besteht, dem Menschsein einen bestimmten Wert zuzuschreiben, mit anderen Worten, sich gegenüber jedem Menschen eine gewisse Anzahl von Pflichten und Verboten aufzuerlegen. Das sind für uns heute die Menschenrechte, oder vielmehr: Hier sind sie philosophisch verankert: Wenn die Menschen Rechte haben, so liegt das vor allem daran, dass wir alle – einer gegenüber dem anderen – Pflichten haben. Nicht töten, nicht foltern, nicht unterdrücken, nicht versklaven, nicht vergewaltigen, nicht berauben, nicht erniedrigen, nicht verleumden … Dieser Humanismus ist mehr eine Moral als eine Politik, und er ist bei unseren Zeitgenossen sehr verbreitet. Warum halten wir die Masturbation oder die Homosexualität nicht mehr für Verfehlungen? Weil sie niemandem schaden.

Warum verurteilen wir noch immer – und schärfer denn je – Vergewaltigung, Zuhälterei und Pädophilie? Weil diese Verhaltensweisen Gewalt, Versklavung, Ausbeutung, Unterdrückung bedingen oder nach sich ziehen, mit anderen Worten, die Rechte, die Unversehrtheit, die Freiheit, die Würde des anderen verletzen … Das zeigt zur Genüge, was in unserer säkularen Gesellschaft aus der Moral geworden ist. Man unterwirft sich nicht mehr einem absoluten oder transzendenten Verbot, sondern man nimmt Rücksicht auf die Bedürfnisse der Menschheit und vor allem des einzelnen Menschen. Moral ist nicht mehr ein Anhängsel der Religion, sondern Kern des praktischen Humanismus. Warum »praktisch«? Weil er mehr das Handeln *(praxis)* betrifft als das Denken oder die Anschauung *(theoria)*. Es geht nicht um das, was wir von der Menschheit wissen oder glauben, sondern um das, was wir für sie wollen. Wenn der Mensch dem Menschen heilig ist, wie Seneca sagt, dann nicht, weil er Gott wäre oder ein Gott es gebietet. Sondern weil er Mensch ist, und das genügt.

Praktischer Humanismus bedeutet also: Humanismus als Moral. Das heißt, menschlich und für die Menschheit zu handeln.

Doch es gibt noch einen anderen Humanismus, den wir theoretisch oder transzendental nennen könnten. Worum geht es dort? Um ein bestimmtes Denken, einen bestimmten Glauben, ein bestimmtes Wissen oder was sich dafür hält – das, was wir angeblich über den Menschen und seinen Wert wissen, was wir von ihm glauben und was unsere Pflichten ihm gegenüber begründen sollte … Dieser Humanismus kollidiert mit ebendem Wissen, das er für sich reklamiert. Denn das, was wir vom Menschen wissen, ist zunächst, dass er zum Schlimmsten fähig ist – siehe Auschwitz – und dass er sich öfter eher mittelmäßig als vorbildlich verhält. Dass er sodann – siehe Darwin – nicht gewählt hat, das zu sein, was er ist (dass er weit eher Resultat ist als Ursprung). Und dass er schließlich nicht Gott ist, da er einen Körper hat (der ihm nicht gestattet, allmächtig, vollkommen oder unsterblich zu sein), eine Geschichte, die erst Natur- und dann Kulturgeschichte war, eine Gesellschaft und ein Unbewusstes, das leider in weit höherem Maße ihn beherrscht als umgekehrt. Hier haben die Humanwissenschaften – siehe Freud, Marx, Durkheim etc. – die Vorstellung, die wir uns einst vom Menschen machen konnten, grundlegend verändert: Ihr theoretischer Antihumanismus verbietet uns, an den Menschen zu glauben, wie wir an Gott glaubten, anders gesagt, aus dem Humanismus die Grundlage seines Seins, Denkens und Handelns zu machen. So schreibt beispielsweise Lévi-Strauss: »Der höchste Zweck der Humanwissenschaften ist nicht, den Menschen zu konstituieren, sondern ihn aufzulösen«, was voraussetze, dass man die »Kultur wieder in die Natur« integriere, »und schließlich das Leben in die Gesamtheit seiner physikalisch-chemischen Bedingungen«. Der Mensch ist nicht die Ursache seiner selbst noch vorrangig Herr seiner selbst und noch weniger durchschaubar für sich selbst. Er ist das Ergebnis einer gewissen Geschichte, die ihn durchdringt und ihn ohne sein Wissen ausmacht. Er ist nur das, was er macht, weil er zunächst das ist, was ihn macht (sein Körper, seine Vergangenheit, seine Erziehung …). Wenn der Mensch ständig dazu verurteilt ist, wie Sartre sagt, »den Menschen zu erfinden«,[75] so beginnt er nicht bei null. Das Menschsein ist kein unbeschriebenes Blatt, keine reine Erschaffung des Selbst durch das

75 Jean-Paul Sartre: »Ist der Existentialismus ein Humanismus?«, zitiert nach: W. Trutwin: *Gespräch mit dem Atheismus*, Göttingen 1970, S. 62 ff.

Selbst. Es ist eine Geschichte, ein Determinismus – oder mehrere –, es ist ein Abenteuer.

Der Mensch sei nicht als »Staat im Staat« zu verstehen, sagte schon Spinoza:[76] Er ist ein Teil der Natur, der er gehorcht (selbst wenn er sie zu verwüsten oder auszuplündern scheint), ein Teil der Geschichte, die er macht und die ihn macht, er ist Teil einer Gesellschaft, einer Epoche, einer Zivilisation … Dass er zum Schlimmsten fähig ist, wissen wir zur Genüge. Er ist ein Tier, das sterben wird und das es weiß, das mehr Triebe als bewusste Beweggründe hat, mehr Leidenschaften als Vernunftgründe, mehr Trugbilder als Gedanken, mehr Wutausbrüche als Erleuchtungen … Edgar Morin hat dafür eine hübsche Formulierung gefunden: *»Homo sapiens, homo demens.«* Er trägt so viel Gewalt in sich, so viele Begierden, so viele Ängste! Es ist immer angebracht, sich vor ihm zu schützen, und das ist die einzige Art, ihm zu dienen.

La Mettrie schrieb: »Ich beklage das Los der Menschheit, sich sozusagen in so schlechten Händen zu befinden wie ihren eigenen.« Doch es

76 Baruch de Spinoza, *Ethik in geometrischer Ordnung dargestellt, Werke in drei Bänden,* Bd. 1, Hamburg, Meiner, 2006, S. 112.

gibt keine anderen: Unsere Einsamkeit bestimmt auch unsere Pflichten. Was uns die Humanwissenschaften an durchaus Wertvollem über uns lehren, kann nicht die Moral ersetzen. Was wir vom Menschen wissen, sagt nichts, oder fast nichts, darüber aus, wie wir ihn gern hätten. Dass Egoismus, Gewalttätigkeit oder Grausamkeit wissenschaftlich erklärbar sind (wie sollten sie das nicht sein, da sie doch real sind?), lehrt uns nichts über ihren moralischen Wert. Liebe, Sanftmut und Mitgefühl sind ebenfalls erklärbar, da es sie gibt, und sind moralisch höher einzuschätzen. In wessen Namen? Im Namen einer bestimmten Idee des Menschen, die, so Spinoza, »gleichsam als ein Musterbild der menschlichen Natur [dient], auf das wir hinschauen sollten«.[77] Erkennen heißt nicht urteilen und erspart es uns auch nicht. Gerade der theoretische Antihumanismus der Humanwissenschaften, dessen Gültigkeit ich keineswegs bestreiten möchte, verleiht dem praktischen Humanismus seine Dringlichkeit und Bedeutung. Der praktische Humanismus ist keine Reli-

77 Baruch de Spinoza, *Ethik in geometrischer Ordnung dargestellt, Werke in drei Bänden,* Bd. 1, Hamburg, Meiner, 2006, S. 192.

gion, sondern eine Moral. Kein Glauben, sondern ein Wille. Keine Theorie, sondern ein Kampf. Er ist der Kampf für die Menschenrechte und die wichtigste Aufgabe für jeden von uns.

Der Mensch ist keine Essenz, die es zu betrachten, kein Absolutum, das es zu verehren, kein Gott, den es anzubeten gilt: Er ist eine Art, die es zu erhalten, eine Geschichte, die es zu kennen, ein soziales Individuum, dessen Zusammenschlüsse es zu würdigen, und schließlich ein Wert, den es zu verteidigen gilt. Es geht darum – wie ich anlässlich der Moral sagte, dessen nicht unwürdig zu sein, was die Menschheit aus sich und aus uns gemacht hat. Das meine ich mit Bekenntnis, das mir mehr bedeutet als Glaube.

An den Menschen glauben? Besser wäre es, ihn zu erkennen, wie er ist, und sich vor ihm in Acht zu nehmen. Das entbindet uns aber nicht davon, uns zu dem zu bekennen, was die Menschen an Großem geleistet haben – ihrer Zivilisation, dem Geist, der Menschlichkeit selbst –, zu dem, was wir empfangen haben, dem, was wir weitergeben wollen, kurz, zu einer bestimmten Idee des Menschen, die aber weniger der Erkenntnis als der Anerkennung, weniger der naturwissenschaftlichen als der humanistischen Bildung, wie man früher sagte, weniger der Religion als der Moral und der Geschichte verdankt. Der praktische Humanismus und nicht der theoretische ist, es sei noch einmal gesagt, der einzige Humanismus, der zählt. Der Mensch ist nicht Gott. An uns liegt es, dafür zu sorgen, dass er wenigstens menschlich ist.

Am Ende seiner *Apologie für Raymond Sebond* erinnert sich Montaigne an einen Satz von Seneca: »O welch elendes und verworfenes Ding ist doch der Mensch, wenn er sich nicht über das Menschliche erhebt«, und fügt als Kommentar hinzu: »Ein schönes Wort und ein löblicher Wunsch – und völlig abwegig zugleich! Denn die Handbreite breiter machen wollen als die Hand, die Armeslänge länger als den Arm und den Schritt ausgreifender, als unsre Schrittweite hergibt, ist vermessen und erweist sich als ebenso unmöglich, wie daß der Mensch sich jemals über sich und das Menschliche erhebt.«[78] Wir können uns also höchstens darum bemühen, nicht darunter abzusinken.

Ein Humanismus ohne Illusionen und Sicher-

78 Michel de Montaigne, »Apologie für Raymond Sebond«, *Essais, Zweites Buch,* München, btb, 2000, S. 416.

heiten. Der Mensch ist nicht tot, weder als Art noch als Idee, noch als Ideal. Aber er ist sterblich; und das ist ein Grund mehr, ihn zu schützen.

Sempé.

Weisheit

Auch wenn uns die Gelehrsamkeit andrer gelehrt machen sollte – weise sein können wir nur durch unsre eigene Weisheit.

Michel de Montaigne[79]

Die Etymologie ist recht klar: *Philosophia* ist griechisch und heißt die Liebe zur oder die Suche nach Weisheit. Aber was ist Weisheit? Ein Wissen? Das ist die gewöhnliche Bedeutung des Wortes bei den Griechen *(sophia)* wie den Römern *(sapientia)*, und die meisten Philosophen seit Heraklit haben diese Bedeutung auch immer wieder bekräftigt. Für Platon wie Spinoza, die Stoiker wie Descartes oder Kant, für Epikur wie Montaigne oder Alain hat Weisheit durchaus etwas mit Denken, Intelligenz und Erkenntnis zu

79 Michel de Montaigne, »Über die Schulmeisterei«, *Essais, Erstes Buch,* München, btb, 2000, S. 215.

tun, also tatsächlich mit einer Art *Wissen*. Doch es handelt sich um ein ganz besonderes Wissen, das keine Wissenschaft verfügbar macht, kein Beweis belegt, kein Laboratorium testet oder attestiert, kein Diplom bescheinigt. Es geht hier nämlich nicht um Theorie, sondern um Praxis. Nicht um Beweis, sondern um Bewährung. Nicht um Versuch, sondern um Vollzug. Nicht um Wissenschaft, sondern um Leben.

Die Griechen stellten gelegentlich die theoretische oder kontemplative Weisheit *(sophia)* der praktischen Weisheit oder Klugheit *(phronesis)* gegenüber. Doch die eine kommt ohne die andere nicht aus, vielmehr ist die wahre Weisheit die Verbindung aus beiden – was unserer Sprache recht gibt, die keine solche Unterscheidung macht. Es genüge, sagt Descartes, »so gut wie möglich zu urteilen, um so gut wie möglich zu handeln.«[80] Das ist die Weisheit in nuce. Dass manche Menschen mehr zur Kontemplation und andere mehr zum Handeln taugen, ist einleuchtend. Aber keine dieser Gaben genügt für die Weisheit: Wer zum Handeln begabt ist, muss sich in der An-

80 René Descartes, *Abhandlung über die Methode des richtigen Vernunftgebrauchs*, Stuttgart, Reclam, 1993, S. 27.

schauung üben, und wer in der Betrachtung begabt ist, im Wollen. Intelligenz genügt nicht. Bildung genügt nicht. Geschicklichkeit auch nicht. »Weisheit kann weder Wissenschaft noch Technik sein«, betont Aristoteles: Sie betrifft weniger das, was wahr oder wirksam ist, als das, was für uns selbst und die anderen gut ist. Ist das Wissen? Sicherlich. Aber ein *Savoir-vivre*, Wissen, das das Leben betrifft.

Das unterscheidet die Weisheit von der Philosophie, die eher ein *Savoir-penser* ist, ein Wissen, welches das Denken betrifft. Doch die Philosophie hat nur insofern einen Sinn, als sie uns der Weisheit näherbringt: Es geht darum, besser zu denken, um besser zu leben, und nur das ist wahres Philosophieren. »Es [ist] die Philosophie, die uns zu leben lehrt«, schreibt Montaigne.[81] Das heißt also, dass wir das nicht wissen? Gewiss doch: Weil wir keine Weisen sind, haben wir es nötig zu philosophieren! Die Weisheit ist das Ziel, die Philosophie der Weg.

Das erinnert an Aragon: »Wir brauchen Zeit, um leben zu lernen, und schon ist es zu spät …«

81 Michel de Montaigne, »Über die Knabenerziehung«, *Essais, Erstes Buch,* München, btb, 2000, S. 254.

Eine ähnliche Idee findet sich auch bei Montaigne (»Man lehrt uns leben, wenn das Leben vorüber ist«[82]), nur etwas tröstlicher: Der Verfasser der *Essais* sieht darin weniger ein unabwendbares Schicksal des Menschen als ein Bildungsmanko, das wir beheben können und müssen. Warum mit dem Philosophieren warten, wo doch das Leben nicht wartet? »Hundert Studenten haben sich die Syphilis geholt«, fährt Montaigne boshaft fort, »ehe sie in ihrem Aristoteles bis zum Kapitel über die Mäßigung gekommen sind.«[83] Ist die Syphilis ein Gegenstand der Philosophie? Sicherlich nicht, soweit es ihre Heilmittel oder ihre Vorbeugung betrifft. Wohl aber die Sexualität, die Vorsicht, die Lust, die Liebe und der Tod ... Wie könnte da die Medizin oder die Prophylaxe genügen? Wie könnten sie die Weisheit ersetzen? »[D]u stirbst doch gar nicht daran, daß du krank bist«, lesen wir an anderer Stelle in den *Essais*, »du stirbst, weil du lebst.«[84] Also müssen wir sterben lernen und leben lernen, und das ist die Quintessenz der Philosophie. »Man begeht jedoch großes Unrecht«, heißt es im ersten Buch

82 ebend.
83 a. a. O., S. 254 f.
84 a. a. O., »Über die Erfahrung«, *Drittes Buch*, S. 483.

der *Essais,* um bei Montaigne zu bleiben, »wenn man sie den jungen Menschen als unzugänglich hinstellt und ihr ein verkniffenes, finsteres und furchterregendes Gesicht anmalt. Wer hat sie mir nur mit dieser fahlen, abscheulichen Fratze verlarvt und verschandelt? In Wahrheit ist nichts fröhlicher und frohgemuter als sie, nichts spielfreudiger und, fast hätte ich gesagt, überschäumender.«[85] Pech für all jene, die Philosophie mit Gelehrsamkeit verwechseln, Stringenz mit Langeweile, Weisheit mit Staub. Dass das Leben so schwierig, unsicher, gefährlich und kostbar ist, ist ein Grund mehr, so früh wie möglich mit der Philosophie anzufangen (da sie »wie jedem anderen Alter auch der Jugend etwas zu sagen hat«[86]), mit anderen Worten, soweit wie möglich leben zu lernen, *bevor* es zu spät ist.

Dazu dient die Philosophie, und deshalb kann sie jedem Alter dienen, zumindest sobald die Jugendlichen das Denken und die Sprache hinreichend beherrschen. Warum sollte es Schülern, die Mathematik, Physik, Geschichte und Musiktheorie lernen, verwehrt sein, sich auch in Philosophie

85 a. a. O., »Über die Knabenerziehung«, *Erstes Buch,* S. 250.
86 a. a. O., S. 254.

zu üben? Und warum beschäftigen sich die Studenten, die sich anschicken, Ärzte oder Mediziner zu werden, nicht mehr mit ihr? Und wann finden die Erwachsenen, die von ihrer Arbeit und ihren Sorgen in Anspruch genommen werden, die Zeit, sich der Philosophie zuzuwenden oder wieder zuzuwenden? Keine Frage, wir müssen Geld verdienen, um unser Leben zu bestreiten – das entbindet uns aber nicht davon, es auch zu leben. Und wie sollte das intelligent geschehen, ohne dass wir uns die Zeit nehmen, allein oder mit anderen zusammen darüber nachzudenken, ohne dass wir auf die denkbar radikalste und rigoroseste Weise fragen, diskutieren, argumentieren und, nicht zuletzt, ohne dass wir uns mit dem beschäftigen, was andere, überdurchschnittlich gelehrte oder begabte Menschen darüber dachten? In dem Kapitel über Kunst habe ich Malraux zitiert: »Man lernt das Malen in den Museen.« Und in den Philosophiebüchern, so möchte ich fortfahren, das Philosophieren. Doch das Ziel ist nicht die Philosophie, noch weniger, Bücher zu schreiben. Das Ziel ist ein klügeres, freieres, glücklicheres, mit einem Wort, weiseres Leben. Wer wollte behaupten, auf diesem Weg keine Fortschritte machen zu können? Montaigne zitiert in dem Abschnitt »Über die Kindererziehung« (*Essais,* I, 26) jene Formulierung des Horaz, die Kant später zum Wahlspruch der Aufklärung machte: *Sapere aude, incipe.* »Trau dich, nach Weisheit zu streben – fang einfach an!«[87] Warum noch warten? Warum das Glück aufschieben? Es ist nie zu früh oder zu spät zum Philosophieren, sagt Epikur sinngemäß, weil es nie zu früh oder zu spät zum Glücklichsein ist. Mag sein. Doch die gleiche Überlegung führt nun zur Erkenntnis, dass so früh wie möglich am besten wäre.

Welche Weisheit? Die Philosophen sind hier wie überall unterschiedlicher Meinung. Eine Weisheit des Vergnügens wie bei Epikur? Des Willens wie bei den Stoikern? Des Schweigens wie bei den Skeptikern? Der Erkenntnis und der Liebe wie bei Spinoza? Der Pflicht und der Hoffnung wie bei Kant? Es bleibt jedem überlassen, sich darüber eine Meinung zu bilden, die er verschiedenen Schulen entlehnen kann. Deshalb müssen wir selbst philosophieren: weil niemand an unserer Stelle denken oder leben kann. Immerhin sind sich fast alle Philosophen darüber

87 a.a.O., S. 249.

einig, dass Weisheit an einem gewissen Glück zu erkennen ist, einer gewissen Heiterkeit – sagen wir, einem gewissen inneren Frieden, der vergnügt und klug ist, aber nicht ohne strenge Verstandestätigkeit auskommt. Weisheit ist das Gegenteil von Angst, Wahn und Unglück. Deshalb tut uns Weisheit not. Deshalb müssen wir philosophieren. Weil wir nicht zu leben wissen. Weil wir es lernen müssen. Weil Angst, Wahn und Unglück uns unablässig bedrohen.

»Das der Weisheit abträglichste Übel ist zweifellos die Dummheit«, schreibt Alain. Folglich müssen wir nach einem Leben streben, das *so intelligent wie möglich* ist. Doch Intelligenz genügt nicht, auch Bücher nicht. Wozu so viel denken, wenn es für so wenig Leben ist? Wie viel Intelligenz in den Wissenschaften, in der Wirtschaft, in der Philosophie! Und wie viel Dummheit im Leben der Wissenschaftler, Geschäftsleute, Philosophen … Intelligenz hat nur insofern mit Weisheit zu tun, als sie unser Leben verwandelt, erhellt oder anleitet. Es geht nicht darum, Systeme zu erfinden oder mit Begriffen zu jonglieren, sie alle sind nur Mittel – der Zweck, der einzige Zweck, besteht darin, ein wenig besser zu denken und zu leben – oder ein wenig weniger schlecht.

Denken wir an die bewundernswerte Formulierung von Marc Aurel: »Wenn die Götter über mich und über das, was mir begegnen soll, etwas beschlossen haben, so bin ich versichert, sie haben mein Bestes beschlossen … Wenn … die Götter in das, was uns betrifft, nicht eingreifen, nun, so steht's bei mir, über mich selbst etwas zu beschließen, und ich kann das mir Zuträgliche in Erwägung ziehen.«[88] Weisheit ist nicht Heiligkeit. Die Philosophie ist weder eine Religion noch eine Moral. Es geht darum, mein eigenes Leben zu retten, nicht das der anderen. Meine Interessen wahrzunehmen, nicht die Gottes oder der Menschheit. Zumindest ist das der Ausgangspunkt. Dass ich auf diesem Weg Gott begegnen kann, ist gut möglich, der Menschheit begegne, sogar wahrscheinlich. Aber deshalb werde ich nicht auf dieses mir gegebene Leben verzichten, oder auf meine Freiheit, meine Überzeugung, mein Glück.

Wie soll ich leben? Das ist die Frage, mit der sich die Philosophie seit ihren Anfängen auseinandersetzt. Die Weisheit ist die Antwort – aber

88 Marcus Aurelius Antonius, *Des Kaisers Marcus Aurelius Antonius Selbstbetrachtungen*, VI. Buch, 44, Stuttgart, Reclam, 2009, S. 87f.

in Fleisch und Blut, gelebt, in Handeln umgesetzt: Jeder muss seine eigene erfinden. Darin unterscheidet sich die Ethik, die eine Lebenskunst ist, von der Moral, die sich nur mit unseren Pflichten befasst. Dass sie verbunden werden können und müssen, steht außer Frage. Wenn wir mal fragen, wie wir leben sollen, fragen wir uns zugleich, welchen Platz wir unseren Pflichten einräumen wollen. Das sind unterschiedliche Ansätze. Die Moral antwortet auf die Frage: *»Was soll ich tun?«*, die Ethik auf die Frage: *»Wie kann ich leben?«* Die Moral gipfelt in der Tugend oder der Heiligkeit, die Ethik in der Weisheit oder dem Glück. Nicht töten, nicht stehlen, nicht lügen? Gewiss, aber wer würde sich damit zufriedengeben? Das alles macht uns doch weder frei noch glücklich. »Kein Aids zu bekommen«, sagte ein Freund zu mir, »genügt nicht als Lebensziel.« Damit hatte er natürlich recht. Es genügt so wenig wie nicht töten, nicht stehlen oder nicht lügen. Kein *Nicht* genügt, und deshalb brauchen wir die Weisheit: weil die Moral nicht genügt, weil die Pflicht nicht genügt, weil die Tugend nicht genügt. Die Moral befiehlt, aber wer gibt sich mit dem Gehorchen zufrieden? Die Moral sagt nein, aber wer gibt sich mit den Verboten zufrieden? Liebe ist besser. Erkenntnis ist besser. Freiheit ist besser. Es geht darum, ja zu sagen: ja zu sich, ja zu den anderen, ja zur Welt, ja zu allem, das ist das Merkmal der Weisheit. *Amor fati*, sagte Nietzsche in Anlehnung an die Stoiker: »daß man nichts anders haben will, vorwärts nicht, rückwärts nicht, in alle Ewigkeit nicht. Das Notwendige nicht bloß ertragen, noch weniger verhehlen – aller Idealismus ist Verlogenheit vor dem Notwendigen –, sondern es lieben.«[89]

Das verhindert nicht die Revolte. Nicht den Kampf. Wer ja zur Welt sagt, sagt auch ja zu seiner eigenen Revolte, die dazugehört – zu seinem Handeln, das dazugehört. Man denke an Camus oder Cavaillès. Die Wirklichkeit verwandeln? Das setzt zunächst voraus, dass wir sie nehmen, wie sie ist. Bewirken, dass eintritt, was noch nicht ist? Das setzt voraus, dass wir an dem arbeiten, was ist. Niemand kann anders vorgehen. Niemand kann anders Erfolg haben. Weisheit ist keine Utopie. Keine Utopie ist weise. Wir wollen die Welt nicht erträumen, sondern verwandeln. Die Weisheit? Sie ist zunächst eine bestimmte

89 Friedrich Nietzsche, *Ecce Homo, Werke in drei Bänden*, München, Hanser, 1954, Bd. 2, S. 1098.

Beziehung zur Wahrheit und zum Handeln, eine kraftspendende Klarheit, eine ausgeübte, aktive Erkenntnis: die Dinge zu sehen, wie sie sind. Zu wissen, was wir wollen. Uns nichts vorzumachen. Nicht so tun, als ob. »Dramatisiere nicht«, sagt Marc Aurel. Erkennen und anerkennen. Verstehen und verwandeln. Widerstehen und überwinden. Denn niemand kann gegen etwas Front machen, dessen Vorhandensein er nicht zuvor anerkannt hat. Bevor wir uns einer Behandlung unterziehen, müssen wir einsehen, dass wir krank sind? Wie Ungerechtigkeit bekämpfen, wenn wir nicht einsehen, dass es sie gibt? Entweder wir nehmen die Wirklichkeit, wie sie ist – dann können wir sie auch verwandeln –, oder wir lassen es und verzichten darauf, sie verändern zu wollen.

Das ist der Geist des Stoizismus: hinzunehmen, was nicht von uns abhängt; zu tun, was von uns abhängt. Das ist der Geist des Spinozismus: erkennen, verstehen, handeln. Das ist aber auch der Geist der fernöstlichen Weisen. So sagt Prajnanpad: »Sehen und akzeptieren, was ist, und dann, wenn nötig, versuchen, es zu verändern.« Der Weise ist ein Mann der Tat, dort, wo wir gewöhnlich nur hoffen und bangen. Er stellt sich dem, was ist, wo wir gewöhnlich nur erhoffen können, was noch nicht ist, nur beklagen können, was nicht oder nicht mehr ist. Hören wir noch einmal Prajnanpad: »Was sich vollendet hat, ist Vergangenheit geworden; es existiert jetzt nicht. Was kommen soll, liegt in der Zukunft und existiert jetzt nicht. Was existiert also? Das, was jetzt ist. Nichts anderes ... Bleibt in der Gegenwart: handelt, handelt, handelt!« Das heißt, unser Leben zu leben, statt darauf zu hoffen. Und selbst für unser Heil zu sorgen, soweit wir dazu in der Lage sind, statt es zu erwarten.

Die Weisheit? Ein Höchstmaß an Glück bei einem Höchstmaß an Klarheit. Das ist das rechte Leben, wie die Griechen sagten, aber ein menschliches Leben, das heißt, ein Leben in Verantwortung und Würde. Spaß? Gewiss. Freude? So viel wie möglich. Aber nicht egal wie. Nicht um jeden Preis. »Alles, was Freude bringt, [ist] gut«, sagt Spinoza;[90] allerdings sind nicht alle Freuden gleich. »Alles Vergnügen ist etwas Gutes«, meint Epikur. Was nicht heißt, dass wir uns alle Freuden verschaffen müssen noch dass alle akzeptabel sind. Wir müssen also wählen, die Vor- und

90 Baruch de Spinoza, *Ethik in geometrischer Ordnung dargestellt, Werke in drei Bänden,* Bd. 1, Hamburg, Meiner, 2006, S. 264.

Nachteile abwägen, wie wiederum Epikur sagt, mit anderen Worten, wir müssen urteilen. Dazu dient die Weisheit. Und dazu dient durchaus auch die Philosophie. Man philosophiert nicht, um die Zeit totzuschlagen, um sich wichtig zu machen oder um mit Begriffen zu jonglieren: Man philosophiert, um Haut und Seele zu retten.

Solcherart ist das Heil, das in der Weisheit liegt, nicht für ein anderes Leben, sondern für das diesseitige. Sind wir dazu fähig? Sicherlich nicht ganz und gar. Doch das ist kein Grund, uns nicht zu bemühen. Keiner ist gänzlich weise; aber wer fände sich damit ab, gänzlich verrückt zu sein?

Wenn du vorankommen willst, sagen die Stoiker, musst du wissen, wohin du gehst. Weisheit ist das Ziel: Leben ist das Ziel – aber ein Leben, das glücklicher und klarer ist; Glück ist das Ziel, aber eines, das in der Wahrheit erlebt wird.

Hüten wir uns aber davor, aus der Weisheit ein weiteres Ideal zu machen, eine weitere Hoffnung, eine weitere Utopie, die uns von der Wirklichkeit trennt. Weisheit ist kein anderes Leben, das wir erwarten oder erreichen müssen. Sie ist die Wahrheit des diesseitigen, das es zu erkennen und zu lieben gilt. Weil es liebenswert ist? Nicht unbedingt und nicht immer. Aber damit es das werde.

Hören wir dazu Montaigne: »Das deutlichste Kennzeichen der Weisheit ist ein stetes Vergnügtsein; ihr Zustand gleicht den Dingen unterm Monde: heiter immerdar.«[91] Genauso gut könnte ich Sokrates zitieren, Epikur (»Wir müssen gleichzeitig lachen und philosophieren …«[92]), Descartes, Spinoza, Diderot oder Alain … Alle sagen, dass die Weisheit auf der Seite des Vergnügens, der Freude, des Handelns, der Liebe ist. Und dass sie nicht einfach dem Zufall zu verdanken ist.

Nicht weil der Weise glücklicher ist als wir, liebt er das Leben mehr, sondern weil er es mehr liebt, ist er glücklicher.

Was uns betrifft, die wir keine Weisen, sondern erst Lehrlinge in Sachen Weisheit sind – das heißt Philosophen –, so bleibt uns nur, leben, denken und lieben zu lernen. Damit kommen wir nie ans Ende, und deshalb sind wir immer genötigt zu philosophieren.

Das geht nicht ohne Anstrengung, bringt aber auch Freude. »Bei sonstigen Beschäftigungen«,

91 Michel de Montaigne, »Über die Knabenerziehung«, *Essais, Erstes Buch,* München, btb, 2000, S. 251.

92 Epikur, »Spruchsammlung«, *Philosophie der Freude,* Frankfurt, Insel, 1988, S. 82

schreibt Epikur, »stellt sich die Frucht mühsam ein, wenn sie zum Abschluss gekommen sind; bei der Philosophie hält die Freude mit der Erkenntnis gleichen Schritt, denn der Genuß folgt nicht auf das Lernen, sondern Lernen ist zugleich Genuß.«[93]

Sei zuversichtlich: Die Wahrheit ist nicht das Ende des Weges, sie ist der Weg selbst.

93 a.a.O., S. 80.

Bibliographie

Der Leser findet in der folgenden Bibliographie, nach Kapiteln geordnet, die meisten Werke, auf die ich mich beziehe, die ich zugrunde gelegt habe und, vor allem, die mir zur Vertiefung der Gedankengänge notwendig erscheinen: Es handelt sich weniger um Zitatbelege als Lektüreempfehlungen. Die genannten Ausgaben haben nur Vorschlagscharakter (wenn möglich wurden Taschenbuchausgaben bevorzugt). Schließlich habe ich Werke, die einen relativ geringen Schwierigkeitsgrad haben und deshalb nach Möglichkeit zuerst gelesen werden sollten, mit einem Sternchen versehen und umgekehrt Titel, die besonders schwierig sind und daher bis zuletzt aufgespart werden sollten, durch zwei Sternchen gekennzeichnet. Die anderen, die mittlere Anforderungen stellen, haben keinen Stern. Selbstverständlich will ich damit keine qualitative Hierarchie zum Ausdruck bringen. Es gibt Meisterwerke von wunderbarer Klarheit, andere, die äußerst schwierig sind – und eine Vielzahl (hier nicht aufgeführter) nahezu unverständlicher Bücher, die alles andere als Meisterwerke sind. Auf jeden Fall gibt es keine philosophische Lektüre, die nicht eine besondere Anstrengung verlangt. Was nicht heißen soll, dass sie kein Vergnügen machen kann, denn das Vergnügen und die Anstrengung sind in der Philosophie untrennbar miteinander verbunden.[94]

Vorwort

*Platon, Apologie des Sokrates**, Stuttgart, Reclam 2006.

Epikur, *Philosophie der Freude*, Frankfurt, Insel, 1988.

Marcus Aurelius Antonius, *Des Kaisers Marcus Aurelius Antonius Selbstbetrachtungen**, Stuttgart, Reclam, 2009.

Michel de Montaigne, *Essais, Drei Bände,* München, btb, 2000. (Meinen Studenten habe ich oft geraten, mit dem dritten Buch anzufangen.)

94 In den Fällen, wo für die fremdsprachigen Zitate keine deutschen Quellen genannt sind, stammt der deutsche Text vom Übersetzer.

René Descartes, *Abhandlung über die Methode des richtigen Vernunftgebrauchs**, Stuttgart, Reclam, 1993.

Blaise de Pascal, *Gedanken**, Reclam, Stuttgart, 1997.

Baruch de Spinoza, »Abhandlung über die Verbesserung des Verstandes«, Bd. 3, *Werke in drei Bänden,* Hamburg, Meiner, 2006.

Immanuel Kant, *Opus postumum***, in: *Kant's gesammelte Schriften,* (»Akademie-Ausgabe«), Bd. 21 und 22, Berlin 1900 ff. Vgl. ferner: *Was ist Aufklärung?, Ausgewählte kleine Schriften,* Hamburg, Meiner, 1999.

Georg Wilhelm Friedrich Hegel, *Phänomenologie des Geistes***, Stuttgart, Reclam, 1988.

Friedrich Nietzsche, *Die fröhliche Wissenschaft,* Stuttgart, Reclam, 2000.

Alain, *Éléments de philosophie**, Gallimard, Neuausgabe, Sammlung *Folio-Essais,* 1990.

André Comte-Sponville, *Une éducation philosophique,* Presse Universitaire de France, 1989. Vgl. ferner: *L'amour la solitude**, Albin Michel, 2000.

Gilles Deleuze und Félix Guattari, *Qu'est-ce que la philosophie?***, Éditions de Minuit, 1991.

Karl Jaspers und Hans Saner, *Was ist Philosophie?,* München, Piper, 1984.

Bernard Bolzano, *Was ist Philosophie,* Darmstadt, Wiss. Buchgesellschaft, 1964.

Marcel Conche, *Le sens de la philosophie,* Encre marine, 1999.

Platon, *Der Staat,* Stuttgart, Reclam, 1982 (vor allem die Bücher II und X).

Aristoteles, *Nikomachische Ethik,* Stuttgart, Reclam, 1986.

Epiktet, *Handbüchlein der Moral,* Stuttgart, Reclam, 1992; ferner: *Wege zum glücklichen Handeln,* Frankfurt, Insel-Taschenbuch, 2008.

Baruch de Spinoza, *Ethik in geometrischer Ordnung dargestellt***, Werke in drei Bänden, Bd. 1, Hamburg, Meiner, 2006.

Jean-Jacques Rousseau, *Abhandlung über den Ursprung und die Grundlagen der Ungleichheit unter den Menschen,* Stuttgart, Reclam, 1988.

David Hume, *Eine Untersuchung über die Prinzipien der Moral,* Stuttgart, Reclam, 2002.

Immanuel Kant, *Grundlegung zur Metaphysik der Sitten,* Hamburg, Meiner-Taschenbuch, 1999; zur Beziehung zwischen Moral und Religion vgl. ferner *Die Religion innerhalb der Grenzen der bloßen Vernunft,* Stuttgart, Reclam, 1986.

Arthur Schopenhauer, *Über die Grundlage der Moral,* Hamburg Meiner, 2006.

John Stuart Mill, *Der Utilitarismus,* Stuttgart, Reclam, 2006.

Friedrich Nietzsche, *Zur Genealogie der Moral. Eine Streitschrift*, Stuttgart, Reclam, 1988.

Ludwig Wittgenstein, *Vortrag über Ethik und andere kleine Schriften*, Frankfurt, Suhrkamp-Taschenbuch, 2007.

Jean-Paul Sartre, *Entwürfe für eine Moralphilosophie*, Reinbek, Rowohlt, 2005.

Michel Foucault, *Sexualität und Wahrheit: 3. Die Sorge um sich*, Frankfurt, Suhrkamp-Taschenbuch, 2007.

Emmanuel Lévinas, *Ethik und Unendliches*, Wien, Passagen-Verlag, 2008.

Hans Jonas, *Das Prinzip der Verantwortung. Versuch einer Ethik für die technologische Zivilisation*, Frankfurt, Suhrkamp, 2003.

Paul Ricœur, *Das Selbst als ein Anderer***, München, Fink, 2005 (vgl. vor allem die Untersuchungen 7 bis 9).

Marcel Conche, *Le fondement de la morale*, Presse Universitaire de France, 1993.

André Comte-Sponville, *Ermutigung zum unzeitgemäßen Leben. Ein kleines Brevier der Tugenden und Werte*, Reinbek, Rowohlt-Taschenbuch, 2010.

Platon, *Der Staat,* Stuttgart, Reclam, 1982.

Aristoteles, *Politik,* München, Deutscher Taschenbuchverlag, 1998.

Niccolò Machiavelli, *Der Fürst.* Frankfurt, Insel, 2009.

Étienne de La Boëtie, *Von der freiwilligen Knechtschaft,* Aschaffenburg, Alibri, 2009.

Michel de Montaigne, ›Über das Nützliche und das Rechte‹, in: *Essais, Drei Bände,* Bd. 3, 1, München, btb, 2000.

Thomas Hobbes, *Leviathan,* Stuttgart, Reclam, 1971.

Baruch de Spinoza, ›Politischer Traktat‹, in: *Werke in drei Bänden,* Bd. 3, Hamburg, Meiner, 2006.

John Locke, *Über die Regierung,* Stuttgart, Reclam, 1986.

Charles de Montesquieu, *Vom Geist der Gesetze,* Stuttgart, Reclam, 1986.

Jean-Jacques Rousseau, *Vom Gesellschaftsvertrag oder Die Grundsätze des Staatsrechts,* Stuttgart, Reclam, 1986.

Immanuel Kant, *Schriften zur Geschichtsphilosophie,* Stuttgart, Reclam, 1986.

Georg Wilhelm Friedrich Hegel, *Philosophie des Rechts. Vorlesungen von 1821/22***, Suhrkamp-Taschenbuch, 2004.

Benjamin Constant, *Principes de politique,* Paris, Hachette, 1997.

Alexis de Tocqueville, *Über die Demokratie in Amerika,* Stuttgart, Reclam, 1986.

Karl Marx und Friedrich Engels, *Manifest der Kommunistischen Partei,* Stuttgart, Reclam, 1986.

Alain, *Propos sur les pouvoirs**, Paris, Gallimard, 1985.

Max Weber, *Wissenschaft als Beruf,* Stuttgart, Reclam, 1995.

Max Weber, *Politik als Beruf,* Stuttgart, Reclam, 1992.

Albert Camus, *Der Mensch in der Revolte**, Reinbek, Rowohlt-Taschenbuch, 1997.

Karl Popper, *Die offene Gesellschaft und ihre Feinde,* 2 Bde., Tübingen, Mohr Siebeck, 2003.

Liebe

Platon, *Symposion,* Stuttgart, Reclam, 2006.

Aristoteles, *Nikomachische Ethik,* Stuttgart, Reclam, 1986. Vgl. ferner *Eudemische Ethik, Werke in deutscher Sprache,* Bd. 7, Berlin, Akademie-Verlag, 1984, und *Rhetorik,* Stuttgart, Reclam, 1999, II, 4.

Michel de Montaigne, *Essais, Drei Bände,* München, btb, 2000. (Vor allem Bd. I, 28).

René Descartes, *Die Leidenschaften der Seele,* Hamburg, Meiner-Taschenbuch, 1966.

Baruch de Spinoza, *Ethik in geometrischer Ordnung dargestellt***, *Werke in drei Bänden*, Bd. 1, Hamburg, Meiner, 2006.

Arthur Schopenhauer, ›Metaphysik der Geschlechtsliebe‹, in: *Die Welt als Wille und Vorstellung*, Ergänzungen zum vierten Buch, München, Deutscher Taschenbuchverlag, 1998.

Georg Simmel, ›Fragmente aus einer Philosophie der Liebe‹, in: *Schriften zur Philosophie und Soziologie der Geschlechter*, 1985, S. 183 f.

Sigmund Freud, *Das Unbehagen in der Kultur und andere kulturtheoretische Schriften**, Frankfurt, Fischer-Taschenbuch, 1994.

Alain, ›Les sentiments familiaux‹, in: *Les passions et la sagesse*, Paris, Gallimard, »Bibliothèque de la Pléiade«, 1960.

Simone Weil, *Schwerkraft und Gnade**, München, Piper, 1992.

Vladimir Jankélévitch, *Les vertus et l'amour*, Paris, Flammarion, 1986.

André Comte-Sponville, *L'amour la solitude**, Paris, Albin Michel, 2000. Vgl. ferner: *Ermutigung zum unzeitgemäßen Leben*, Kapitel 18.

Marcel Conche, *Analyse de l'amour et autres sujets*, PUE, 1997. Vgl. ferner *Le sens de la philosophie*, Encre marine, 1999.

Platon, *Phaidon,* Stuttgart, Reclam, 1986.
Epikur, *Philosophie der Freude,* Frankfurt, Insel, 1988.
Lukrez, *Die Welt der Atome/De rerum natura,* Stuttgart, Reclam, 1986, (Buch III).
Seneca, *Briefe an Lucilius/Epistulae Morales ad Lucilium,* Mannheim, Artemis und Winkler, 2007.
Marcus Aurelius Antonius, *Des Kaisers Marcus Aurelius Antonius Selbstbetrachtungen,* Stuttgart, Reclam, 2009.
Michel de Montaigne, *Essais,* 3 Bde. München, btb, 2000 (vor allem I, 20, und III, 9).
Blaise Pascal, *Gedanken**, Reclam, Stuttgart, 1997.
Sigmund Freud, ›Jenseits des Lustprinzips‹, in: *Gesammelte Werke,* Bd. 13, Frankfurt, Fischer, 1963; und ›Zeitgemäßes über Krieg und Tod‹, in: *Gesammelte Werke,* Bd. 10, Frankfurt, Fischer, 1963.
Vladimir Jankélévitch, *Der Tod,* Frankfurt, Suhrkamp, 2005.
Marcel Conche, »La mort et la pensée«, *Orientation philosophique,* Presse Universitaire de France, 1990.

Platon, *Der Staat*, Stuttgart, Reclam, 1982
Michel de Montaigne, ›Apologie für Raymond Sebond‹, in: *Essais, Zweites Buch*, München, btb, 2000.
René Descartes, *Abhandlung über die Methode des richtigen Vernunftgebrauchs**, Stuttgart, Reclam, 1993.
Baruch de Spinoza, ›Abhandlung über die Verbesserung des Verstandes‹, in: *Werke in drei Bänden*, Bd. 3, Hamburg, Meiner, 2006.
John Locke, *Versuch über den menschlichen Verstand*, Teil 1, Buch 1 und 2, Hamburg, Meiner-Taschenbuch, 2000.
John Locke, *Versuch über den menschlichen Verstand*, Teil 2, Buch 3 und 4, Hamburg, Meiner-Taschenbuch, 1988.
Gottfried Wilhelm Leibniz, *Neue Abhandlungen über den menschlichen Verstand*, Meiner-Taschenbuch, 1966.
David Hume, *Eine Untersuchung über den menschlichen Verstand*, Stuttgart, Reclam, 1986. (Das ist das verständlichste Buch, aber sein Meisterwerk bleibt der *Traktat über die menschliche Natur, Erstes Buch*, Hamburg, Meiner, 1989; *Zweites und drittes Buch*, 1978.)
Immanuel Kant, *Kritik der reinen Vernunft***, Stuttgart, Reclam, 1986. Vgl. ferner den kleinen Aufsatz ›Was ist

Aufklärung?‹, in: *Ausgewählte kleine Schriften*, Hamburg, Meiner, 1999.
Friedrich Nietzsche, *Die fröhliche Wissenschaft*, Stuttgart, Reclam, 2000.
Martin Heidegger, *Vom Wesen der Wahrheit*, Frankfurt, Klostermann, 1997.
Alain, *Entretiens au bord de la mer**, Paris, Gallimard, 1949, Neuaufl. 1998.
Gaston Bachelard, *Die Bildung des wissenschaftlichen Geistes. Beitrag zu einer Psychoanalyse der objektiven Erkenntnis*, Frankfurt, Suhrkamp, 1987.
Karl Popper, *Logik der Forschung*, Tübingen, Mohr Siebeck, 2005.
André Comte-Sponville, *Valeur et vérité (Études cyniques)*, Presse Universitaire de France, 1994.

Freiheit

Platon, *Der Staat*, Stuttgart, Reclam, 1982 (der Mythos von Er findet sich in Buch x).
Aristoteles, *Nikomachische Ethik*, Stuttgart, Reclam, 1986.
Épictète, *Epiktet für Anfänger. Gespräche und Handbüchlein der Moral**, München, Deutscher Taschenbuch Verlag, 2002.

Thomas Hobbes, *Vom Menschen, vom Bürger,* Hamburg, Meiner, 1982.

René Descartes, *Briefe, 1629–1650,* Köln, Staufen, 1949.

Baruch de Spinoza, ›Briefe‹, in: *Die Ethik: Schriften und Briefe,* Stuttgart, Kröner, 1982.

Gottfried Wilhelm Leibniz, *Die Theodizee,* 2 Bde., Frankfurt, Suhrkamp-Taschenbuch, 2009.

Voltaire, *Philosophisches Wörterbuch**, Frankfurt, Insel-Taschenbuch, 1985.

Immanuel Kant, *Kritik der reinen Vernunft***, Stuttgart, Reclam, 1986.

Arthur Schopenhauer, »Über die Freiheit des menschlichen Willens«, in: *Über die Freiheit des menschlichen Willens. Über die Grundlage der Moral. Die beiden Grundprobleme der Ethik. Behandelt in zwei akademischen Preisschriften. Kleinere Schriften* II, Zürich, Diogenes, 2007.

Henri Bergson, *Zeit und Freiheit,* Berlin, Philo Verlagsgesellschaft, 2005.

Alain, *Histoire de mes pensées**, in: *Les arts et les dieux,* Paris, Gallimard, »Bibliothèque de la Pléiade«, 1958.

Jean-Paul Sartre, ›La liberté cartésienne‹, in: *Situations philosophiques,* Paris, Gallimard, 1990. Vgl. ferner *Der Existentialismus ist ein Humanismus und andere philosophische Essays 1943–1948,* Reinbek, Rowohlt-Taschenbuch, 2005, und vor allem *Das Sein und das Nichts: Versuch einer phänomenologischen Ontologie.*

*Gesammelte Werke in Einzelausgaben/Philosophische Schriften***, *3*, Reinbek, Rowohlt-Taschenbuch, 2004.

Marcel Conche, *L'aléatoire,* Neuaufl. Presse Universitaire de France, 1999.

Karl Popper, *Gesammelte Werke: Das offene Universum, Bd. 8,* Tübingen, Mohr Siebeck, 2001.

Gott

Aristoteles, *Metaphysik***, vgl. insbesondere Buch XII, ›Philosophische Theologie‹, Stuttgart, Reclam, 1986.

René Descartes, *Meditationen über die Grundlagen der Philosophie,* Hamburg, Meiner-Taschenbuch, 1976.

Baruch de Spinoza, *Ethik in geometrischer Ordnung dargestellt***, Werke in drei Bänden, Bd. 1, Hamburg, Meiner, 2006.

Blaise Pascal, *Gedanken**, Reclam, Stuttgart, 1997.

Nicolas Malebranche, *Conversations chrétiennes,* Paris, Gallimard, 1994.

Gottfried Wilhelm Leibniz, *Monadologie***, Stuttgart, Reclam, 1998, und *Meditationen über die Grundlagen der Philosophie**, Hamburg, Meiner-Taschenbuch, 1976 (diese beiden Büchlein gehören zu den Meisterwerken der Philosophiegeschichte). Vgl. ferner *Die Theodizee,* 2 Bde., Frankfurt, Suhrkamp-Taschenbuch, 2009.

David Hume, *Dialoge über natürliche Religion*, Stuttgart, Reclam, 1986.

Jean-Jacques Rousseau, ›Glaubensbekenntnis eines savoyardischen Vikars‹*, in: *Émile oder über die Erziehung*, Stuttgart, Reclam, 1998.

Immanuel Kant, *Kritik der reinen Vernunft***, Stuttgart, Reclam, 1986. (Darin: ›Des Zweiten Buchs der transzendentalen Dialektik drittes Hauptstück: Das Ideal der reinen Vernunft‹). Vgl. ferner *Die Religion innerhalb der Grenzen der bloßen Vernunft*, Stuttgart, Reclam, 1986.

Søren Kierkegaard, *Furcht und Zittern*, München, EVA-Taschenbücher, 2004.

Henri Bergson, *Die beiden Quellen der Moral und der Religion*, Frankfurt, Fischer, 2000.

Alain, *Les Dieux**, Paris, Gallimard, 1985 (der letzte Teil, ›Christophore‹, gehört zu den schönsten Passagen über das Christentum, die ich kenne).

Martin Heidegger, *Identität und Differenz*, Stuttgart, Klett-Cotta, 2002. Vgl. ferner *Der Satz vom Grund*, Stuttgart, Klett-Cotta, 2006.

Ludwig Wittgenstein, *Geheime Tagebücher 1914–1916*, Wien, Turia und Kant, 1991.

Simone Weil, *Das Unglück und die Gottesliebe*, München, Kösel, 1961.

Lukrez, *Die Welt der Atome/De rerum natura*, Stuttgart, Reclam, 1986.

David Hume, *Dialoge über natürliche Religion*, Stuttgart, Reclam, 1986.

Denis Diderot, *Entretien d'un philosophe avec la Maréchale de****, Arles, Actes Sud, 1991.

Paul Henri Thiry d'Holbach, *Der gesunde Menschenverstand*, Vita Nova, 1971.

Ludwig Feuerbach, *Das Wesen des Christentums*, Stuttgart, Reclam, 1986.

Arthur Schopenhauer, ›Über Religion‹, in: *Sämtliche Werke: Parerga und Paralipomena* II. *Kleine philosophische Schriften: Parerga und Paralipomena 2*, Bd. 5, Kapitel XV, Frankfurt, Suhrkamp-Taschenbuch, 2006.

Karl Marx und Friedrich Engels, *Über Religion*, Berlin, Dietz, 1958.

Friedrich Nietzsche, *Die fröhliche Wissenschaft*, Stuttgart, Reclam, 2000. Vgl. ferner *Der Antichrist. Versuch einer Kritik des Christentums*, Hamburg, Nikol, 2008.

Sigmund Freud, ›Die Zukunft einer Illusion‹ in: *Massenpsychologie und Ich-Analyse/Die Zukunft einer Illusion*, Frankfurt, Fischer-Taschenbuch, 1993.

Alain, *Gedanken über die Religion**, Frankfurt, Schulte-Bulmke, 1948.

Jean-Paul Sartre, *Existentialismus ist ein Humanismus* und andere philosophische Essays 1943–1948*, Reinbek, Rowohlt-Taschenbuch, 2005.
Albert Camus, *Der Mythos des Sisyphos**, Reinbek, Rowohlt-Taschenbuch, 2000.
Marcel Conche, *Orientation philosophique*, Presse Universitaire de France, 1990.

Kunst

Aristoteles, *Poetik*, Stuttgart, Reclam, 1994.
Denis Diderot, *Œuvres esthétiques**, Paris, Laffont, 1996.
Immanuel Kant, *Kritik der Urteilskraft*** (vor allem der erste Teil), Stuttgart, Reclam, 1986.
Arthur Schopenhauer, *Die Welt als Wille und Vorstellung. Gesamtausgabe*, München, Deutscher Taschenbuch Verlag, 1998 (vor allem Buch III).
Georg Wilhelm Friedrich Hegel, *Vorlesungen über die Ästhetik*, Teil 1/2, Stuttgart, Reclam, 1986, und *Vorlesungen über die Ästhetik*, Teil 3, Stuttgart, Reclam, 1986.
Friedrich Wilhelm Joseph von Schelling, *Texte zur Philosophie der Kunst*, Stuttgart, Reclam, 1986.
Friedrich Nietzsche, *Die Geburt der Tragödie aus dem Geiste der Musik*, Frankfurt, Insel-Taschenbuch, 2009.
Alain, *Système des beaux-arts*, Paris, Gallimard, 1983.

Martin Heidegger, *Der Ursprung des Kunstwerkes*, Stuttgart, Reclam, 1986.

Luc Ferry, *Der Mensch als Ästhet. Die Erfindung des Geschmacks im Zeitalter der Demokratie*, Stuttgart, Metzler, 1992.

Zeit

Aristoteles, *Physik. Vorlesung über Natur*, 1. Halbband (Bücher 1–4), Hamburg, Meiner, 1986; und *Physik. Vorlesung über Natur*, 2. Halbband (Bücher 5–8), Hamburg, Meiner, 1988.

Plotin, *Über Ewigkeit und Zeit. Enneade* III, 7, Frankfurt, Klostermann, 1995.

Augustinus, *Bekenntnisse*, Stuttgart, Reclam 1989, XI, 14.

Immanuel Kant, *Kritik der reinen Vernunft***, Stuttgart, Reclam, 1986 (Transzendentale Ästhetik).

Henri Bergson, *Materie und Gedächtnis, eine Abhandlung über die Beziehung zwischen Körper und Geist*, Hamburg, Meiner, 1991.

Edmund Husserl, *Vorlesungen zur Phänomenologie des inneren Zeitbewußtseins*, Tübingen, Niemeyer, 2000.

Martin Heidegger, *Sein und Zeit*, Tübingen, Niemeyer, 2006.

Gaston Bachelard, *L'intuition de l'instant*, Paris, Denoël, 1985.

Maurice Merleau-Ponty, *Phänomenologie der Wahrnehmung* (vor allem, III, 2), Berlin, De Gruyter, 1966.

Marcel Conche, *Temps et destin,* Paris, Presse Universitaire de France, 1992.

André Comte-Sponville, *L'être-temps,* Paris, Presse Universitaire de France, 1999.

Menschsein

Michel de Montaigne, *Essais, Drei Bände,* München, btb, 2000 (am besten gelingt der Einstieg mit dem dritten Buch).

Blaise de Pascal, *Gedanken**, Reclam, Stuttgart, 1997.

David Hume, *Eine Untersuchung über den menschlichen Verstand,* Stuttgart, Reclam, 1986.

Jean-Jacques Rousseau, *Abhandlung über den Ursprung und die Grundlagen der Ungleichheit unter den Menschen,* Stuttgart, Reclam, 1988.

Immanuel Kant, *Anthropologie in pragmatischer Hinsicht,* Stuttgart, Reclam, 1986.

Martin Heidegger, *Platons Lehre von der Wahrheit. Mit einem Brief über den Humanismus,* Frankfurt, Klostermann, 1997.

Jean-Paul Sartre, *Der Existentialismus ist ein Humanismus und andere philosophische Essays 1943–1948,* Reinbek, Rowohlt-Taschenbuch, 2005.

Claude Lévi-Strauss, *Das wilde Denken,* Frankfurt, Suhrkamp, 2009 (vgl. insbesondere Kapitel IX).

Emmanuel Lévinas, *Humanismus des anderen Menschen,* Hamburg, Meiner, 2005.

Louis Althusser, *Für Marx,* Frankfurt, Suhrkamp-Taschenbuch, 2010.

Edgar Morin, *Das Rätsel des Humanen. Grundfragen einer neuen Anthropologie,* München, Piper, 1982.

Michel Foucault, *Die Ordnung der Dinge: Eine Archäologie der Humanwissenschaften,* Frankfurt, Suhrkamp-Taschenbuch, 2009.

Luc Ferry, *Von der Göttlichkeit des Menschen oder dem Sinn des Lebens,* Wien, Zsolnay, 1997.

André Comte-Sponville und Luc Ferry, *La sagesse des Modernes. Dix questions pour notre temps,* Paris, Laffont, 1998.

Tzvetan Todorov, *Le jardin imparfait. La pensée humaniste en France,* Paris, Grasset, 1998.

Weisheit

Platon, ›Philebos‹, in: *Sämtliche Werke Bd. 3,* Reinbek, Rowohlt-Taschenbuch, 2004.

Die Weisheit der Hunde. Texte der antiken Kyniker, hg. v. Georg Luck, Stuttgart, Kröner, 1997.

Epikur, ›Brief an Menoikeus‹, in: *Philosophie der Freude*, Frankfurt, Insel, 1988.

Epiktet, *Handbüchlein der Moral und Unterredungen**, Stuttgart, Kröner, 1984.

Marcus Aurelius Antonius, *Des Kaisers Marcus Aurelius Antonius Selbstbetrachtungen**, Stuttgart, Reclam, 2009.

Michel de Montaigne, *Essais, Drei Bände*, München, btb, 2000 (vor allem erstes Buch, 26, und drittes Buch).

Baruch de Spinoza, *Ethik in geometrischer Ordnung dargestellt***, Werke in drei Bänden, Bd. 1, Hamburg, Meiner, 2006.

Arthur Schopenhauer, *Aphorismen zur Lebensweisheit*, Stuttgart, Reclam, 1986; vgl. auch und vor allem das Hauptwerk *Die Welt als Wille und Vorstellung*, München, Deutscher Taschenbuchverlag, 1998.

Friedrich Nietzsche, *Also sprach Zarathustra*, Stuttgart, Reclam, 1986.

Alain, *Minerve ou de la sagesse**, Paris, Gallimard, 1939.

Albert Camus, *Der Mythos des Sisyphos**, Reinbek, Rowohlt-Taschenbuch, 2000.

Pierre Hadot, *Philosophie als Lebensform. Antike und moderne Exerzitien der Weisheit*, Frankfurt, Fischer-Taschenbuch, 2005.

Marcel Conche, *Orientation philosophique*, Paris, Presse Universitaire de France, 1990.

André Comte-Sponville, *Traité du désespoir et de la béatitude,* Bd. 1, *Le Mythe d'Icare**, Bd. 2, *Vivre, Paris,* PUF, 1984 et 1988.

Aus dem Französischen von Hainer Kober
176 Seiten
Auch erhältlich als eBook

»Ein interessanteres Thema als die Liebe gibt es nicht«, sagt André Comte-Sponville und fächert ein Panorama von philosophischen Ideen auf, das hilft, das große Wort »Liebe« besser zu verstehen – in all seinen Facetten. Gedanken werden leicht, klug und humorvoll dargestellt, so dass der Leser auch Rat und Anregung für sein Leben findet.

Aus dem Französischen von Hainer Kober
176 Seiten
Auch erhältlich als eBook

Was ist Sexualität? Was sagen Philosophen darüber? Was lehrt uns die Erotik über uns selbst und über das Leben? Das sind die Fragen, die sich André Comte-Sponville in diesem Buch stellt. Er sucht das Metaphysische im Physischen und sorgt damit beim Leser für mehr Lust an der Lust.